W0179946

WEIBLICH

Seed

WIRTSCHAFTEN

www.seedfusion.com

Lynne Franks

WEIBLICH

Seed

WIRTSCHAFTEN

Der *kreative* Weg zu Selbständigkeit
und geschäftlichem Erfolg

Aus dem Englischen von Erika Ifang

Riemann
One Earth Spirit

Die Originalausgabe erschien unter dem Titel »*The Seed Handbook*«
bei Thorsons/HarperCollins, London

Umwelthinweis:
**Dieses Buch wurde auf 100 % Recycling-Papier gedruckt,
das mit dem blauen Engel ausgezeichnet ist.**
Die Einschrumpffolie (zum Schutz vor Verschmutzung)
ist aus umweltfreundlicher und recyclingfähiger PE-Folie.

Der Riemann Verlag
ist ein Unternehmen der Verlagsgruppe Bertelsmann

1. Auflage
© 2000 Seed International
© 2000 der deutschsprachigen Ausgabe
C. Bertelsmann Verlag GmbH, München
Illustrationen: © 2000 Ann Field
Redaktion: Gerhard Juckoff
Satz: Barbara Rabus, Sonthofen
Druck: J. P. Himmer, Augsburg
Bindung: Großbuchbinderei Monheim
Printed in Germany
ISBN 3-570-50013-6
www.riemann-verlag.de

Ich möchte dieses Buch allen voran meinen Eltern widmen: meinem verstorbenen Vater Leslie, der mich unendlich viel über das Unternehmertum gelehrt hat und dessen Energie ich beim Schreiben immer gespürt habe, und meiner Mutter Angela, die partnerschaftlich mit ihm zusammenarbeitete, bis er erkrankte und sie voller Schaffenskraft selbst alle Verantwortung auf sich nahm; sie wird immer meine Mentorin, Beraterin und Freundin sein und bleiben. Ferner meiner verstorbenen Großmutter Dora, der ersten Frau in meinem Leben mit lebhaftem Unternehmungsgeist; meinen Kindern Josh und Jess, den SEED-Unternehmern der Zukunft, auf die ich sehr stolz bin, und natürlich all den wunderbaren SEED-Gärtnern und -Gärtnerinnen, die mich immer wieder inspirieren.

Eine unglaubliche Vielzahl von Leuten hat mit mir an diesem Buch gearbeitet, und noch viele andere haben das Projekt auf unterschiedlichste Weise unterstützt.

An erster Stelle möchte ich Jenny Daisley danken, Mitbegründerin von *Springboard,* der britischen Gesellschaft für die persönliche Entwicklung und Ausbildung von Frauen.

Jenny war verantwortlich an der Entstehung des Buches beteiligt und hat als Koautorin den inhaltlichen Rahmen mitbestimmt. Ihr Beistand und Enthusiasmus haben mir während meines eigenen unternehmerischen Selbstfindungsprozesses sehr geholfen.

Jenny, ihre Partnerin Liz Willis und die anderen Mitglieder des *Springboard*-Teams haben Tausenden von Frauen, besonders in der Dritten Welt, das Rückgrat gestärkt, und ich betrachte es als Ehre, dass ich mit ihnen zusammenarbeiten durfte.

SEED und *Springboard* setzen sich beide leidenschaftlich für die Stärkung von Frauen durch wirtschaftliche Unabhängigkeit ein, die auf spirituellen und wertorientierten Grundsätzen beruht.

Danken möchte ich auch meiner Illustratorin Ann Field, meiner ständigen und stets freundlichen Begleiterin auf meiner SEED-Reise. Ihre einfühlsamen grafischen Kreationen haben dieses Buch erst richtig zum Leben erweckt.

Außerdem hat sie ihren talentierten Mann Clive Piercy und dessen Werbefirma zur Mitarbeit an diesem Projekt bewogen, wodurch das Buch so ansprechend und schön gestaltet werden konnte.

Clive machte mich mit Ann Enkoji bekannt, der Wunderfrau, die mir mit ihren Recherchen, Kontakten und ihrem gesunden Menschenverstand half, das viele Material zusammenzutragen.

Dem Universum sei Dank für meine beiden Verleger, Joel Fotinos vom Jeremy Tarcher/ Penguin Verlag in den Vereinigten Staaten und Eileen Campbell von Thorsons/Harper Collins in Großbritannien. Meiner Meinung nach sind sie und ihre Mitarbeiter die besten Verleger, die ich mir je hätte wünschen können.

Beide haben mich bei meinem Werdegang unermüdlich unterstützt. Ihre Einzigartigkeit haben sie nicht zuletzt dadurch bewiesen, dass sie dieses Buch in kooperativer Harmonie gemeinsam produziert und veröffentlicht haben, ein Gewinn auf der ganzen Linie.

Für das Vorwort sowie beständigen Beistand und Rat danke ich der wunderbaren Hazel Henderson. Dankbar bin ich überhaupt all den netten Menschen, die großzügig Zeit und Mühe an dieses Projekt gewendet haben.

All meinen engen Freunden und Angehörigen sei Dank dafür, dass sie mich unermüdlich zum Schreiben ermutigt haben.

Zum Schluss möchte ich noch dem besten aller Schöpfer danken, dessen Gegenwart ich bei der Arbeit an diesem Buch von Anfang an immer gespürt habe.

Inhalt

Seed

DAS MANIFEST

Ich, ..., gelobe,

unablässig sowohl die Saat auszusäen als auch die Früchte zu ernten;

Raum und Zeit bereitzustellen, um mich auf mein höheres Selbst einzustimmen;

nie von der großen Vision abzulassen;

meine Werte einschließlich Integrität, Mitgefühl und Liebe in den Mittelpunkt
meines Unternehmens zu stellen;

stets dreierlei im Auge zu behalten: Achtung vor mir selber, den Respekt
für andere und Verantwortung für alles, was ich tue;

an mich selbst zu glauben, damit andere es auch tun;

mir meinen Humor und mein Lachen als wichtige Bestandteile meiner
Unternehmensplanung zu bewahren;

früh aufzustehen;

meine persönlichen Beziehungen, Menschen, die mir lieb sind, und meine
Freundinnen und Freunde nie zu vernachlässigen;

Fülle in allen Bereichen meines Lebens zu erstreben;

meine Unordnung auf ein Minimum zu reduzieren;

meine Begabungen zu erkennen und alles Übrige an andere zu delegieren;

schwierige Situationen aus allen Perspektiven zu betrachten;

weise Ratschläge zu begrüßen und selbst anderen weisen Rat zu geben;

jeden Tag Kerzen anzuzünden und mir frische Blumen hinzustellen;

meinen Mitmenschen mehr zu geben, als sie erwarten;

langsam zu sprechen, aber schnell zu denken;

selbst aus einem Fehlschlag noch eine Lehre zu ziehen;

mein Handwerk zu verstehen;

meine technischen Fertigkeiten zu verbessern;

zu lächeln, wenn ich den Telefonhörer abnehme;

nie zu vergessen, dass mein Körper mein wichtigstes Werkzeug ist – Streck- und
Atemübungen zu machen, mich fit zu halten, spazieren zu gehen und zu tanzen;

möglichst jeden Tag ein Gedicht zu lesen, mir erhebende Musik anzuhören,
ein wunderbares Bild anzuschauen oder hinaus in die Natur zu gehen;

jeden Tag sechs bis acht Gläser Wasser zu trinken;

genauso zuzuhören wie zu reden;

die Regeln zu lernen, um dann ein paar zu brechen;

zu wissen, dass nichts so sexy ist wie Selbstvertrauen;

nicht zu vergessen, dass niemand vollkommen ist, nicht einmal ich selbst,
aber stets mein Bestes zu tun.

Unterschrift .... *Datum* ....

VORWORT *von Hazel Henderson*

Auch ich habe wie Lynne Franks mein Unternehmen am Küchentisch begonnen – vor dreißig Jahren. Ich hatte eine Welt vor Augen, in der die Liebe gefördert wird und in der Wirtschaftshandbücher endlich auch einmal von all der Liebe, der mitfühlenden Sorge füreinander und den ehrenamtlichen Leistungen sprechen, die nie bezahlt und nie anerkannt werden. Ich wusste, dass ich nicht gleich ein Unternehmen gründen konnte, das dieser Vision entsprach – und ich wusste auch, dass meine Vorstellungen bei den meisten herkömmlichen Unternehmen nicht umzusetzen waren. Ich habe in vielen Niedriglohnjobs gearbeitet, als Damenmodeverkäuferin, im Empfang eines Hotels, als Kassiererin, am Ticketschalter einer Fluglinie, in einer Bank und in einem Reisebüro. Keine dieser Tätigkeiten hat mich befriedigt oder mir das Gefühl gegeben, etwas Sinnvolles zu tun.

Also habe ich mir zu Hause ein eigenes Tätigkeitsfeld geschaffen, bei dem ich meine Pflichten gegenüber meiner Tochter und meine Sorge um unsere Gesundheit in der verschmutzten Umwelt von New York City miteinander vereinen konnte. Ich informierte mich so gründlich wie möglich über die Umweltprobleme dieser Stadt, gründete 1964 eine Bürgerinitiative und begann zu schreiben und Vorträge zu halten. Ich fand eine Werbeagentur, die bereit war, uns unentgeltlich zu helfen – und überredete die regionalen Fernseh- und Rundfunksender dazu, zusätzlich zur Wettervorhersage Luftverschmutzungshinweise für New York zu geben. 1968 veröffentlichte der *Harvard Business Review* meinen ersten Artikel über die soziale Verantwortung von Unternehmen.

Nach fünf Büchern und Hunderten von Vorträgen und Artikeln arbeite ich immer noch zu Hause, und es gefällt mir nach wie vor. Ich bin eine von etwa 20 Millionen »Kopf- und Heimarbeiterinnen«, und meine Einnahmen durch Buchveröffentlichungen und Vorträge kommen aus aller Welt. Ich empfinde es als Segen, mit meiner Arbeit zugleich meiner Leidenschaft frönen zu können.

Ich hatte das große Glück, in eine Familie in England geboren zu werden, die es sich leisten konnte, für mich zu sorgen. Ich besuchte sehr gute kleine Schulen, die mich das Lesen und Schreiben lieben lehrten. Ich lernte die Macht dessen, was ich später »die Ökonomie der Liebe« nannte, bei meiner Mutter kennen. Sie hatte immer Zeit für ihre vier Kinder – trotz ihrer vielen Arbeit im Haus und in dem großen Gemüse- und Obstgarten, der uns mit allem versorgte, was wir brauchten –, und sie war außerdem noch ehrenamtlich für das örtliche »Essen auf Rädern« und die Kinderklinik tätig. Sie war eine Frau mit Unternehmungsgeist!

Lynne Franks kenne ich seit vielen Jahren, und ich schätze ihre geistige Beweglichkeit, ihren Elan und ihren Stil. Ich habe Hochachtung vor ihrem unternehmerischen Genie und bewundere ihr Engagement für ihr höheres Selbst, ihre spirituelle Entwicklung und vor allem dafür, dass wir unseren Kindern eine gesündere, sicherere und gerechtere Welt hinterlassen. Lynnes und meine Kinder sind inzwischen erwachsen, und mein neunjähriger Enkel fragt mich immer, was ich zur Rettung der Tiere tue, die durch den Raubbau des Menschen an der Natur gefährdet sind.

Da Sie dies jetzt gerade lesen, weiß ich, dass Ihnen diese Themen, die unsere gemeinsame Zukunft betreffen, ebenso am Herzen liegen wie Lynne Franks und mir. *Weiblich wirtschaften* wird Ihnen helfen, an den hohen Visionen, die Sie über den Sinn Ihres Lebens haben, festzuhalten und Ihre ureigenen Begabungen und Fähigkeiten in den Dienst Ihrer Mitmenschen zu stellen. Indem Sie Ihre Ziele verfolgen und sich dabei an das hier vorgestellte SEED-Programm und -Netzwerk halten, können Sie die Kraft gewinnen, sich einer reizvollen unternehmerischen Tätigkeit – ob groß oder klein – zu widmen, an der Sie Ihre Freude haben.

Ich drücke Ihnen die Daumen!

EINFÜHRUNG

Eine Revolution ist in der Welt im Gange, und sie kommt von unten, von den Graswurzeln: die Revolution der nachhaltig wirtschaftenden Unternehmer und (zumeist) Unternehmerinnen, und sie handelt sowohl von persönlichem Wachstum als auch von wirtschaftlichem Geschick. Sie ist Politik im Kleinen, und sie ist organisch im Gegensatz zu organisiert. Sie will Werte schaffen, Beziehungen entwickeln und die finanzielle Eigenständigkeit begründen.

Sie ist die weibliche Version des Unternehmertums.

Willkommen also beim SEED-Handbuch. Sie sind eingeladen, beim Lesen an den Erfahrungen von Frauen teilzunehmen, die ihr eigenes Unternehmen gegründet haben, und sich Schritt für Schritt durch das SEED-Programm führen zu lassen, das Sie darauf vorbereiten wird, auf weibliche Art selbständig unternehmerisch tätig zu werden.

Ich habe mit 21 Jahren die inzwischen in Großbritannien führende PR-Firma gegründet, und zwar von meinem Küchentisch aus. In den 30 Jahren, die seitdem vergangen sind, habe ich Unternehmerinnen unterschiedlichster Herkunft und Kultur aus der ganzen Welt kennen gelernt.

Ich habe den Mut und die Weitsicht beobachten können, mit denen sie selbständig unternehmerisch tätig wurden, oft unter schwierigen Bedingungen, und sehen können, wie sie und ihre Familien durch finanzielle Unabhängigkeit Macht gewannen.

Ich habe gesehen, wie frustriert viele Frauen und Männer im Westen über die Unternehmenswelt sind und wie sehr sie nach einer Lebensqualität verlangen, die ihre inneren Werte widerspiegelt.

Ich habe den Wunsch bemerkt, wieder Gemeinsinn zu entwickeln, sei es im geschäftlichen oder im privaten Bereich. Ich weiß um die Wichtigkeit der Vernetzung, und ich weiß, dass auf vielen verschiedenen Ebenen wieder ein Tauschhandel entstanden ist, dass wir Dank neuer Technologien geografisch unabhängig geworden sind. Ich habe auch den Wandel in meinem eigenen Lebensstil bemerkt, der sich analog zu diesem tiefgreifenden Umdenken in der Gesellschaft vollzogen hat.

Nachdem ich Anfang der neunziger Jahre mein PR-Unternehmen verkauft habe, kämpfte ich erfolgreich mit anderen für die Einrichtung des ersten Frauensenders Großbritanniens. Danach organisierte ich in London das Festival »Was Frauen wünschen«, bei dem Sinead O'Connor, Chrissie Hynde und Germaine Greer auftraten, bevor ich an der von den Vereinten Nationen einberufenen Weltkonferenz der Frauen in Peking teilnahm. Diese drei

Ereignisse haben mir viele Einblicke in das gewährt, was ich schließlich als Beginn einer »Verweiblichung« der Gesellschaft im 21. Jahrhundert wertete.

Wie viele andere auch erkenne ich eine Rückkehr zu spirituellen Werten und das Verlangen der Menschen, der Gesellschaft zu dienen, statt sie auszubeuten. Das ist ein notwendiges Gegengewicht zur Macht korrupter Regierungen und habgieriger Unternehmen, zum fortgesetzten Völkermord überall auf der Welt und zu dem Schaden, den wir Menschen der Umwelt bereits zugefügt haben.

Das Unternehmertum ist ein Gebiet, auf dem Frauen den Weg in eine neue Art von Zukunft weisen können, denn indem sie einer gesunden unternehmerischen Tätigkeit nachgehen und sich finanziell unabhängig machen, gewinnen sie mehr Kontrolle über ihr eigenes Leben und das Leben ihrer Kinder.

FAKTEN UND ZAHLEN

1999 gab es in den Vereinigten Staaten über 9 Millionen Unternehmen in Frauenbesitz, nach einem Bericht der amerikanischen Nationalstiftung für Frauen doppelt so viele wie noch vor zwölf Jahren. Diese Frauenunternehmen haben einen Jahresumsatz von über 3,6 Billionen Dollar, sie stellen 38 Prozent der Unternehmen in den USA dar und beschäftigen 27,5 Millionen Menschen. Viele der Unternehmerinnen stammen aus ethnischen Minderheiten.

Nach Angabe der Vereinten Nationen variiert die Zahl unternehmerisch tätiger Frauen weltweit stark, sie erreicht im Fernen Osten, Zentralasien und Osteuropa 56 bis 58 Prozent und liegt in Nordafrika nur bei 21 Prozent.

Von Frauen geführte Unternehmen beschäftigen also zwischen einem Viertel und einem Drittel der arbeitenden Weltbevölkerung, Tendenz steigend.

Ich glaube, dass die meisten Frauenunternehmen unorthodoxer und offener geführt werden als traditionelle Betriebe mit ihrer patriarchalischen Struktur. Einige Frauen halten sich im Geschäftsleben bewusst an ethische und sozialverantwortliche Grundsätze, während andere einfach von Natur aus Integrität und Liebe in ihren Unternehmerinnenalltag einfließen lassen.

Meines Erachtens könnten noch viel mehr von uns ein nachhaltig wirtschaftendes Unternehmen gründen, viele haben jedoch Angst vor diesem Sprung. Mangelndes Selbstvertrauen und soziale Konditionierung sind oft die Hauptblockaden, die viele von uns von einem solchen Start abhalten. Leider haben wir, die wir überwiegend in anonymen Städten wohnen, weder den Halt einer schützenden Gemeinschaft noch die Hilfe erfahrener Mentoren.

Wir haben oft das Gefühl, unserem eigenen Leben gegenüber machtlos zu sein und nichts an den frustrierenden Umständen ändern zu können, wenn wir zum Beispiel einen Job als leitende Angestellte verlieren oder uns wieder ins Arbeitsleben eingliedern wollen, nachdem die Kinder groß sind. Wir glauben, zu alt oder zu jung zu sein, keine unternehmerischen Fähigkeiten zu besitzen oder nicht genügend qualifiziert zu sein usw.

Darum müssen wir uns gegenseitig unsere Geschichten erzählen, Frauen in unserer nächsten Umgebung mit Rat und Tat weiterhelfen, ein verbindendes Netzwerk bilden und einander den Weg zu der Göttin in unserem Innern zeigen, die den Keim legen kann für den nachhaltigen »Garten«, der unser Leben sein soll.

Ich habe dieses Buch geschrieben, um die Erfahrungen, die ich gemacht, und die Geschichten, die ich gehört habe, mit Ihnen teilen zu können – und Ihnen zu helfen, Ihr Traum-Unternehmen zu verwirklichen. Während Sie dieses Buch lesen und die einfachen Übungen durchführen, mit deren Hilfe Sie Ihre Energien bündeln und stark werden sollen, werden Sie Mitglied des SEED-Netzwerks.

14.

WARUM SEED?

Sich auf die Gründung eines Unternehmens vorzubereiten ist wie das Anlegen eines Gartens. Wir müssen die Saat – die Ideen – während des Keimens ernähren, und wir müssen wissen, was zu tun ist, damit die Saat zu einer gesunden Pflanzenkultur – einem Unternehmen – heranwächst. Das Unternehmertum sollte etwas Organisches sein, etwas, das Ihrem Wesen, Ihrer Person ganz natürlich entspringt. Es geht darum, Verantwortung für das eigene Leben zu übernehmen – und das Ergebnis in vollen Zügen zu genießen.

SEED heißt nicht nur Saat, sondern ist auch die Abkürzung für *Sustainable Enterprise and Empowerment Dynamics,* also auf Deutsch etwa die »Kraft des nachhaltigen und eigenständigen Wirtschaftens«. In diesem Buch lesen Sie darüber, wie Frauen in aller Welt unternehmerisch aktiv wurden, aus den unterschiedlichsten Gründen, aber alle in der gleichen Erkenntnis: dass die selbständige Geschäftstätigkeit eine Gelegenheit ist, neue Ideen in Umlauf zu bringen und positive Veränderungen zu bewirken.

Das SEED-Handbuch zeigt Ihnen, wie Sie ein Unternehmen planen können, das sich auf Integrität, persönliche Wertvorstellungen und Offenheit gründet.

Das SEED-Programm in zehn Schritten umfasst sowohl praktische als auch meditative Übungen, die Ihr Vertrauen in die eigenen Fähigkeiten, Leidenschaften und Werte stärken, sodass Sie in der Lage sind, auf weibliche Weise ein nachhaltig wirtschaftendes Unternehmen aufzubauen.

Herzlich willkommen bei Ihrer Revolution!

DER GEBRAUCH DES HANDBUCHS

Blättern Sie zum SEED-Manifest zurück, um Ihren Weg zu beginnen. Lesen Sie es laut und unterschreiben Sie es. Sie können es auch ausschneiden und irgendwo aufhängen, wo Sie es immer vor Augen haben, oder Sie können es als aufmunternde Erinnerungshilfe im Buch lassen.

Am meisten profitieren Sie von der Lektüre, wenn Sie das Buch einmal durchlesen, um sich über den Inhalt zu informieren, und dann noch einmal langsam von vorn anfangen und sich Zeit nehmen für die Übungen. Im Allgemeinen dürfte es etwa ein Jahr dauern, bis Ihre Idee vom Keim zur Frucht gereift ist.

Lassen Sie sich Zeit, und machen Sie es richtig. Die ersten Themen, mit denen wir uns befassen werden, sind Zeit und Raum – sorgen Sie dafür, dass Sie genug von beidem haben, damit Ihr Unternehmen Platz zum Wachsen hat.

Und nun viel Spaß bei der Gartenarbeit!

Kapitel 1

Clearing the ground

DIE BEREITUNG DES BODENS

Wie Sie sich den nötigen
Raum schaffen und Zeit für Ihre
Vision gewinnen.

Bevor ein Garten eingesät werden kann, muss der Boden vorbereitet werden. Steine und Unkraut müssen entfernt, die Erde umgegraben und Nährstoffe eingebracht werden.

Beim Start eines Unternehmens ist es genauso. Sie müssen erst innerlich und äußerlich Ordnung machen in Ihrem Leben. Sie müssen sich die richtige Umgebung schaffen, in der Ihre Vision wachsen kann.

Sie stehen vor einigen wichtigen Entscheidungen, die Ihr ganzes Leben beeinflussen können. Aber ehe Sie nicht einen sauberen Platz dafür geschaffen und all das Unkraut und die Steine entfernt haben, werden Sie nie wirklich zu der geistigen Klarheit und zielsicheren Konzentration gelangen, die Sie brauchen, um weiterzukommen.

Für viele von uns gehören Raum und Zeit wahrscheinlich zu den Dingen, die in der Betriebsamkeit des 21. Jahrhunderts am schwierigsten zu finden sind. Darum beginnen wir unser SEED-Programm in diesem ersten Kapitel mit Geschichten und Übungen, die Ihnen helfen werden, Zeit zu gewinnen und den notwendigen physischen und mentalen Raum bereitzustellen, in dem Sie Ihre Ideen entwickeln können.

Mein eigener natürlicher Zustand ist das Chaos: Millionen von Ideen und Gedanken schießen mir durch den Kopf. Das mag sehr förderlich sein für den kreativen Prozess. Aber für mich ist es von entscheidender Bedeutung, mein Leben so weit wie möglich innerlich und äußerlich in Ordnung zu bringen, bevor ich mit einem neuen Projekt anfange.

Der Schreibtisch

Sie brauchen Platz für Ihre unternehmerische Arbeit: Platz für einen Schreibtisch oder Tisch, für Ordner, Bücherregale usw. Aber wie können Sie sich angesichts des vielen überflüssigen »Krams« in jedem Winkel Ihres Wohnbereichs einen friedvollen und doch anregenden Raum schaffen?

Das überall herumliegende Zeug hat vielerlei Form und Gestalt. Es ist erstaunlich, wie schnell sich alte Hauswurfsendungen, Weihnachtskarten vom Vorjahr und längst ausgelesene Zeitschriften ansammeln. »Den Boden zu bereiten« ist oft nur eine Sache des Aufräumens mit diesem Wust von Papier, den wir aufgehoben haben in der festen Überzeugung, er könnte irgendwann einmal von Wert sein. Warum sehen Sie nicht einfach jetzt sofort sämtliche alten Stapel, Briefe und Werbeprospekte durch und werfen alles weg, von dem Sie wissen, dass Sie nie wieder einen Blick darauf werfen werden?

Dann ordnen Sie das, was übrig geblieben ist. Heften Sie alle Papiere in klar markierten Ordnern ab (ich benutze immer Etiketten in leuchtenden Farben, die mich geradezu dazu aufrufen, Ordnung zu halten). Legen Sie einen Extraordner für Gebrauchsanweisungen an – ich habe sie in der Vergangenheit schon öfter vergeblich gesucht –, und räumen Sie rigoros auf mit all den Zeitschriften und Zeitungsberichten, die Sie jahrelang gesammelt haben. Bringen Sie einen Abend damit zu, all die ausgeschnittenen Artikel durchzugehen, und werfen Sie die weg, für die Sie keine Verwendung mehr haben. Heben Sie nur die Artikel sorgsam auf, die Sie wirklich im Zusammenhang mit dem von Ihnen geplanten Unternehmen brauchen.

Räumen Sie auch alles auf, was die Finanzen betrifft. Legen Sie Rechnungen, die noch nicht beglichen sind, an einen gut erreichbaren Ort, und heften Sie alte Kontoauszüge und Bankunterlagen ab. Da Sie vorhaben, sich selbständig zu machen, gewöhnen Sie sich am besten gleich daran, Quittungen und Rechnungen ordentlich zu sortieren.

Ich bin sicher, Sie wissen inzwischen, was gemeint ist – ein Großreinemachen, bei dem Sie sich von allem Papierkram befreien, den Sie nie wieder brauchen. Denken Sie dabei auch einmal an die armen Bäume, die geopfert werden, um uns dieses Übermaß an Dokumenten und Informationsmaterial zu ermöglichen!

Nehmen Sie sich jetzt Ihre Bücher vor. Einen Teil der vollgestopften Borde benötigen Sie für Ihr neues Vorhaben, und außerdem läutert es den Geist, Überflüssiges auszuräumen.

Doch was nützt es Ihnen, Ihre Dokumente und Bücher zu durchforsten, wenn Sie gar keinen ruhigen eigenen Raum haben? Wie können Sie ein eigenes Unternehmen anvisieren, wenn Sie kleine oder heranwachsende Kinder haben, die überall herumlärmen?

Wichtig ist auf jeden Fall, dass Ihre Angehörigen oder Mitbewohner Sie darin unterstützen, sich einen eigenen Bereich zu schaffen, wie klein Ihre Wohnung auch sein mag.

Wenn Sie genügend Wohnraum zur Verfügung haben, sollten Sie ein Zimmer für Ihre SEED-Visionen vorsehen. Es ist sehr wichtig, einen lebendigen, vitalen Raum zu haben, der Ihre Energien widerspiegelt. Wir sind wie Pflanzen. Wir brauchen einen guten Platz, Licht, Wasser und frische Luft. Und falls Sie ein Fenster mit schöner Aussicht haben, sollten Sie dafür sorgen, dass Sie bei der Arbeit hinausschauen können. Wir brauchen eine angemessene Umgebung, in der wir geistig, körperlich und seelisch wachsen können. Dazu gleich mehr, wenn wir über das chinesische Prinzip des »Feng Shui« sprechen. Zunächst wird jedoch weiter aufgeräumt.

Der Kleiderschrank

Ein besonders heikler Bereich – die Garderobe

Sie fragen jetzt vielleicht: »Was hat das Schrankaufräumen mit der Gründung eines Unternehmens zu tun?« Im Grunde eine ganze Menge. Es gehört auch zum Ausmisten und Loswerden überflüssiger Dinge, die Sie in Ihrem Leben nicht mehr brauchen. Dadurch gewinnen Sie geistigen Freiraum für all die aufregenden neuen Herausforderungen, die Ihnen begegnen werden.

Die Mode kommt und geht. Wenn Sie wirklich das Angestelltendasein aufgeben wollen, warum wollen Sie dann all die auf männlich getrimmten Anzüge aufheben? Ihr neues, mit Macht und Unabhängigkeit ausgestattetes Selbst verlangt womöglich nach einer Änderung des äußeren Erscheinungsbildes, damit Sie Ihrem neuen Lebensstil gerecht werden.

Eine neue Frisur, ein natürliches Make-up und ein legerer Bekleidungsstil können Wunder wirken, was die Selbstachtung betrifft. Und denken Sie nur, wie viel zusätzlichen Raum Sie gewinnen werden!

Der Körper

Ein gründlicher Frühjahrsputz ist zu jeder Jahreszeit eine Wohltat für Körper und Geist. In einem gesunden Körper wohnt ein gesunder Geist – und Sie werden alle Geisteskräfte brauchen, um in Topform zu kommen, sobald der Startschuss gefallen ist. Ich rede nicht von irgendeiner drastischen Diät, aber wie wär's, wenn Sie kein Junk-Food mehr essen würden? Machen Sie es sich nach Möglichkeit zur Gewohnheit, regelmäßig und gesund zu essen.

Seit einem Jahr esse ich keine Weizenprodukte mehr, und es geht mir um Längen besser, seit ich meinen Drang bezähme, bei Arbeitsessen Unmengen von Backwaren zu knabbern. Ich habe herausgefunden, dass ich allergisch dagegen bin wie so viele Menschen heutzutage; ohne Weizen ist mein Leben in jeder Hinsicht leichter geworden. Ich habe abgenommen, aber vor allem habe ich jetzt mehr Energie. Mir ist klar geworden, dass ich durch den Weizengenuss – Brot und auch Nudeln, so Leid mir's tut! – jahrelang ein Gefühl der Trägheit hatte.

Vor Jahren schon habe ich auch das Tee- und Kaffeetrinken aufgegeben. Ich habe stattdessen täglich viel Wasser oder auch Kräutertee getrunken und gemerkt, dass ich seitdem viel klarer im Kopf bin. Natürlich ist jeder Körper anders, schreiben Sie sich also zu Anfang

Früh aufstehen. >>

GET UP EARLY

in the Morning

einfach auf, was Sie am Tag konsumieren, und versuchen Sie, das wegzulassen, was Sie Ihrem Empfinden nach träge werden lässt.

Wichtig ist vor allem, jedes Zuviel zu vermeiden – wofür auch immer Sie eine Schwäche haben mögen!

Kramgeschichten

Jeder hat in seinem Leben andere Vorstellungen von überflüssigem Kram, und so habe ich ein paar interessante Antworten erhalten, als ich begann, Freundinnen und Kolleginnen zu fragen, was sie darunter verstehen.

Eine sagte, sie hätte ihren überflüssigen Kram samt und sonders im Kofferraum ihres Wagens. Das sei der »Friedhof« für lauter Zeug, das sie bei geschäftlichen Treffen einsammle und mit sich herumschleppe, bis sie auf eine Reise gehe und den Kofferraum für ihr Gepäck brauche. Eine andere Freundin sagte, auf ihrem Anrufbeantworter sammelten sich zahllose Nachrichten von Bekannten, die bei ihr anriefen, um gratis einen Rat in Marketing- und PR-Fragen einzuholen. Sie räumt damit auf, indem sie die Betreffenden zu einer Zeit zurückruft, wo sie vermutlich außer Haus sind, und ihnen die kurze Nachricht hinterlässt, dass sie gerade schrecklich viel zu tun habe, die Probleme sich jedoch bestimmt schon hätten lösen lassen. Wie viele, mit denen ich gesprochen habe, hält sie sich trotz ihrer entgegenkommenden Art den Abend möglichst von Anrufen frei, damit sie sich entspannen kann. Laura, meine Lektorin, hat mir erzählt, dass sie alle Hauswurfsendungen direkt wegwirft, nachdem sie sie aus dem Briefkasten geholt hat, ohne sie erst mit in die Wohnung zu schleppen.

Bestimmt haben wir alle Handtaschen, Brieftaschen und Kosmetiktaschen, denen es gut täte, wenn sie einmal aufgeräumt würden. Ich bin immer angenehm überrascht, welche Telefonnummern, Münzen und Quittungen ich tief unten in meiner Handtasche wiederfinde. Früher hatte ich meist riesige Handtaschen, bis mir der Gedanke kam, dass ich nicht so viele wichtige Papiere verlegen würde, wenn die Taschen kleiner wären. Inzwischen sortiere ich nach Möglichkeit einmal pro Woche alles Unnötige aus.

Telefonnummern auf irgendwelchen kleinen Zettelchen spielten in vielen der Kramgeschichten, die ich gesammelt habe, eine Rolle. Ich bin mittlerweile dazu übergegangen, alle wichtigen Telefonnummern in den Computer einzugeben, was allerdings in eine Katastrophe ausarten kann, wenn sie mal ohne Backup gelöscht werden – das habe ich leider schon selbst erfahren!

Legen Sie sich per Computer oder mit der Hand ein alphabetisches Verzeichnis Ihrer sämtlichen Telefonnummern und Kontaktadressen an, verbunden mit einem kurzen Verweis, was sich dahinter verbirgt. Angela steht zum Beispiel als Freundin unter A, aber es sollte auch vermerkt sein, dass sie in einer Bank arbeitet und womöglich guten Rat spenden kann, wenn es um Ihren zukünftigen Geschäftsetat geht.

Je eher Sie damit anfangen, sich ein solches Adressverzeichnis anzulegen, umso besser. Nach meiner Erfahrung ist das eine Arbeit, die unweigerlich auf unbestimmte Zeit verschoben wird, wenn man erst selbständig tätig ist.

Ich habe auch sehr oft gehört, wie viel Mist wir in unserem Computer zu speichern pflegen. Schieben Sie all die alten E-Mails, Briefe und Notizen, die Sie nie mehr brauchen, in den Papierkorb. Räumen Sie Ihren virtuellen Schreibtisch ebenso auf wie Ihren realen, und erleben Sie, wie klar dann Ihr Kopf wird.

Die Wirkung von Feng Shui

Beim chinesischen Prinzip des Feng Shui, das von asiatischen Geschäftsleuten mit großer Hingabe angewandt wird, spiegelt die äußere Umgebung die positiven Energien wider, die in unseren verschiedenen Lebensbereichen zu spüren sein sollen. Ich habe meine Privat- und Geschäftsräume jahrelang nach Feng Shui ausrichten lassen und es immer als höchst effektive Maßnahme empfunden, der Energie, die ich brauche, einen entsprechenden Ausdruck zu geben.

Die Anhänger des Feng Shui glauben, dass jeder Gegenstand in unserer Umgebung ein äußeres Abbild unseres Lebens ist und Einfluss auf unsere Psyche hat. Feng Shui ist die Kunst und Wissenschaft, mit seiner Umgebung im Einklang zu leben, eine Art von psychischer Innenarchitektur.

Indem Sie Ihre Möbel umstellen, Kristalle aufhängen, Spiegel so anbringen, dass Energien umgelenkt werden, und sich mit Springbrunnen und Windspielen umgeben, können Sie Ihre Privat- und Geschäftsräume wirklich zum Positiven hin verändern. Wenn Sie das alles mit dem festen Vorsatz tun, die negativen Bereiche Ihres Lebens zu heilen, wird Feng Shui eine sehr starke Wirkung entfalten.

Als sich die Feng-Shui-Experten Herb und Elaine Wright aus Los Angeles meine privaten und geschäftlichen Räume ansahen, empfahlen sie mir sofort, mich von all meinen toten Zimmerpflanzen und sogar von meinen getrockneten Rosenblüten zu trennen.

Ich hatte nicht einmal bemerkt, dass meine Pflanzen eingegangen waren, aber die Feng-Shui-Experten erklärten mir, alles Tote und Sterbende könnte uns unterbewusst beeinflussen. Wir müssten vitale, lebendige Dinge um uns herum haben. Wenn man es richtig überlegt, ist das sehr einleuchtend.

Alles, wozu die Wrights mir rieten, hat meine Wohn- und Arbeitsstätte tatsächlich sowohl ästhetisch als auch energiemäßig aufgewertet. Ich hatte bereits Zimmerbrunnen in meiner Wohnung aufgestellt, weil der Klang von plätscherndem Wasser eine beruhigende Wirkung hat und ein Springbrunnen ein wunderbares Symbol dafür ist, dass Leben und Geschäft im Fließen begriffen sind, statt zu stagnieren.

Ich habe sogar das frühere schöne Blau meiner Eingangstür leuchtend rot überstrichen. Elaine Wright blieb dabei, dass es mir finanziell Glück bringen würde, und meine Kolleginnen meinten, das Büro wirke dadurch viel wärmer.

Jeder Gegenstand auf dem Schreibtisch hat starke Symbolkraft. Meinen Schreibtisch ziert ein kleiner Springbrunnen aus Kieselsteinen und Schieferplatten, ferner chinesischer Glücksbambus, der in finanzieller Hinsicht Glück bringen soll, einige Kristalle sowie Bilder von meinen Kindern und anderen Menschen, die mir lieb sind. Ansonsten gibt es noch meinen Computer, ein paar Aktenordner und meine Arbeitsunterlagen. Eine Mischung aus praktischen und persönlichen Dingen.

Der Platz, an dem Sie arbeiten, wird irgendwie immer mit Zeug vollgehäuft sein, aber versuchen Sie, jeden Abend alles Unwesentliche wegzuräumen. Auf meinem Küchentisch, an dem ich Besprechungen abhalte und arbeite, wenn ich nicht am Computer sitze, liegt am Ende oft stapelweise Arbeitsmaterial. (Übrigens sollten Sie jeden in Ihrem Haushalt davor warnen, Ihre Papierstapel anzurühren – was jemandem, der aufräumen will, wie ein absolutes Durcheinander erscheint, hat für unsereinen meist eine klare innere Ordnung!)

Ich habe es mir zur Regel gemacht, den Tisch mindestens zweimal am Tag aufzuräumen. Morgens stelle ich gern eine brennende Kerze auf den Tisch, ein Symbol für positive Energie, die ich erst wieder lösche, wenn ich meine Arbeit gemacht habe.

Meine Freundin, die Autorin und Lehrerin Denise Linn, erläutert seit vielen Jahren die Bedeutung dessen, was sie als »heiligen Raum« bezeichnet. Sie hat mich von der Wichtigkeit einer Oase, eines Ruheplatzes nicht nur in unserer Privatwohnung, sondern auch im Geschäft überzeugt. Wir schaffen uns dadurch einen Raum, in dem wir auf unsere innere Stimme, unsere Intuition, lauschen können, während wir in der Außenwelt tätig sind, sodass wir unsere Begabungen voll und ganz ausschöpfen können.

Unordnung auf ein Minimum reduzieren. >>

Keep my Clutter

TO A MINIMUM

Der innere Raum

Die Einrichtung eines gut organisierten Arbeitsplatzes ist also nicht die einzige Vorbereitung. Sie müssen sich auch einen speziellen Platz schaffen, an dem Sie sich nach innen richten können, einen inneren Raum, wo Sie sich von der Stimme Ihrer Intuition leiten lassen können, ohne durch die Außenwelt abgelenkt zu werden.

Ob Sie es nun innere Stimme, höheres Selbst, Intuition oder göttliche Kraft nennen, Tatsache ist, dass die Antwort auf Ihre Fragen oft schon in Ihrem Unbewussten schlummert.

Wir werden nur so sehr von allen Seiten mit Nachrichten, Informationen, Lärm und Ablenkungen bombardiert, dass wir unsere eigene innere Stimme häufig kaum hören können.

Zu lernen, den »Lärm« in Ihrem Leben routinemäßig auszuschalten, ist im Hinblick auf das, was Sie vorhaben, ein äußerst wichtiger Aspekt der Bodenbereitung. Die folgende Übung hilft Ihnen dabei, die Stille zu gewinnen, die Sie brauchen.

Übung
Zeit für Stille und Meditation

Suchen Sie sich einen ruhigen Platz in Ihrem Garten oder in einem nahe gelegenen Park, wo Sie von Grün und Blumen umgeben sind. Machen Sie daraus Ihren Platz der Stille. Wenn das Klima oder andere Umstände Sie drinnen festhalten, kann Ihr Platz der Stille Ihr dortiger Ruheplatz oder Altar sein.

Einen Altar aufzubauen kann noch vergnüglicher sein, als den Schreibtisch aufzuräumen. Stellen Sie außer Sichtweite von Ihrem Schreibtisch an einem ruhigen Platz Ihrer Wohnung einen kleinen Tisch an eine Wand. Bedecken Sie ihn mit einem schönen Tuch und schmücken Sie ihn mit ein paar besonderen Gegenständen und Bildern, die Ihre Träume und liebe Menschen darstellen.

Säen Sie ein paar Körner, die Ihr Unternehmen symbolisieren, in einen kleinen Topf, und stellen Sie diesen ebenfalls auf Ihren Altar. Stellen Sie stets frische Blumen in die Nähe. Pflegen Sie Ihren Altar und behandeln Sie Ihre besonderen Gegenstände mit Sorgfalt. Sorgen Sie für eine Kerze und duftendes Räucherwerk, das Sie jederzeit anzünden können. Das ist Ihr ureigener Raum; wenn Sie nur zehn Minuten zum Tagesbeginn und am Tagesende dort verbringen, können Ihre Träume keimen und allmählich wachsen.

Die Zeit der Stille sollte zu einem wesentlichen Bestandteil Ihrer Tagesroutine werden, wenn Sie erfolgreich sein wollen. Sobald Sie Ihren Altar fertig haben, wird es Zeit, sich für die erste Meditation nach innen zu wenden. Falls Sie noch nie meditiert haben, brauchen Sie nicht zu befürchten, dass es ein großes, für Sie unergründliches Geheimnis ist. Mir hat ein alter tibetischer Lama einmal gesagt, ich solle mir die Meditation einfach als die Pause zwischen zwei Atemzügen vorstellen.

Nehmen Sie sich Zeit, auf Ihre innere Stimme zu horchen, Einsicht zu gewinnen und sich auf Ihre wahre Vision einzustimmen. Lernen Sie, auf Ihre Intuition zu vertrauen, und stärken Sie Ihr höheres Selbst. Jetzt gleich.

MEDITATION

Bitten Sie die göttliche Macht des Universums, mit Ihnen zusammen Ihrem Traum Gestalt und Wirklichkeit zu verleihen. Stellen Sie sich vor, Sie legten die Saatkörner für Ihre Zukunft aus, und lassen Sie sie in der Stille, die Sie sich gönnen, Kraft gewinnen. Lassen Sie Ihrem Geist alle Freiheit und beobachten Sie einfach, wie Ihre Gedanken in ihm kreisen. Vertrauen Sie darauf, dass Ihr Unbewusstes in seiner tiefsten Tiefe dabei ist, Ihnen das Werkzeug an die Hand zu geben, das Sie brauchen, um Ihren Garten zum Leben zu erwecken.

Ein geschäftliches Vorhaben ist zuerst eine Idee, eine Leidenschaft, die dem Herzen entspringt und nicht dem Kopf.

Diese Idee kann, wenn Vertrauen in die eigenen Fähigkeiten, Glück, ein gutes Urteilsvermögen und viel harte Arbeit hinzukommen, zu einem erfolgreichen Unternehmen heranreifen.

Aber zunächst müssen Sie die Zeit und den Ort finden, um Ihre Bedürfnisse und Begabungen zu erkennen und auf Ihre eigene innere Weisheit zu lauschen.

Zeitgewinn

Nun haben Sie sich innerlich und äußerlich den angemessenen Raum verschafft und den Boden für das bereitet, was Ihnen vorschwebt. Aber Ihr Leben ist ständig angefüllt mit Verpflichtungen und Ablenkungen, und es fehlt noch an Zeit für Ihr Vorhaben.

Ob Sie Single sind oder eine Familie haben, einer Acht-Stunden-Arbeit oder verschiedenen Teilzeitjobs nachgehen, irgendetwas muss geschehen, wenn Ihnen die angemessene Zeit für Ihr neues Vorhaben zur Verfügung stehen soll.

Hier ein paar weise Worte von verschiedenen Frauen, die gelernt haben, aus jeder Stunde mehr herauszuholen, ohne dafür die nötige Entspannung zu opfern – denn weiblich wirtschaften heißt, den Stresspegel abzusenken, statt ihn noch zu erhöhen.

Ich habe mit vielen Erfolgsfrauen, von denen einige kleine Kinder haben, darüber gesprochen, wie sie Zeit gewinnen und alles Wichtige in ihren Tagesablauf einpassen. Die Gut-

Mir wurde klar, dass ich nur geringfügige Veränderungen in meinem Lebensalltag vorzunehmen brauchte, um die nötige Zeit für die Verwirklichung meines Traums zu gewinnen. Also ließ ich einfach meinen Wecker eine Stunde früher klingeln – ich schenkte mir selbst eine Stunde täglich. Für mich ist das die beste Zeit. Die übrige Welt ist still, und ich kann mit klarem Kopf über mein Projekt nachdenken, bevor Kinder, Arbeit und Alltag über mich hereinbrechen.

Auf so genannte »Blutsauger«, Freunde, die mir nur Energie rauben, verzichte ich, seit ich selbständig bin. Ich treffe mich gern mit engen Freunden oder Freundinnen, aber ewige Nörgler und »arme Opfer« will ich nicht mehr sehen. Das Problem ist, dass sie sich oft zu starken Menschen hingezogen fühlen, aber obgleich ich durchaus mitfühlend bin, will ich mir meine Kraft lieber bewahren.

28.

Mir die nötige Zeit zu nehmen bedeutete für mich, zuerst einmal darauf zu achten, wovon all meine »freie« Zeit eigentlich aufgefressen wurde: Essen und Kinobesuche mit Freunden, Anrufe, Fernsehen. Ich hatte mir eingeredet, mich zur Entspannung nach Feierabend entweder mit Freunden treffen oder zu Hause vor der Glotze hocken zu müssen. Aber doch nicht jeden Abend der Woche! Jetzt halte ich mich an eine Abmachung mit mir selbst, zwei Abende pro Woche für meine geschäftlichen Pläne zu verwenden.

Ich mache mir am Vorabend stets eine Liste von allem, was ich am folgenden Tag tun will. Ich schreibe alles in ein schönes Notizbuch und gewinne Zeit, indem ich die Arbeiten durchstreiche, die nicht allzu wichtig sind – die Zeit, die ich so einspare, gehört jetzt meinem Geschäftsprojekt.

verdienenden greifen natürlich auf Dienstleistungen zurück wie Kinderbetreuung, Putzhilfe usw. Alle gaben jedoch zu, dass der Freiraum, den sie sich selbst gewährten, ein paar Minuten hier und da, ihnen helfe, die für ihre Arbeit notwendige Klarheit und Zeit zu gewinnen. In Panik zu geraten hat niemandem weitergeholfen.

Die beste Wirkung hat es offenbar, gelegentlich einen kurzen Spaziergang zu machen, regelmäßige Essens- und Toilettenpausen einzuhalten, für alles Listen anzulegen, sich dann und wann fünf Minuten Stille zu gönnen, in einem Verkehrsstau vorausplanend auf Band zu sprechen, Anrufe frühmorgens als Erstes zu erledigen und auf gar keinen Fall das Atmen zu vergessen.

Natürlich haben wir in diesem elektronischen Zeitalter immer ein Handy dabei. Ich gebe allerdings selten die Nummer weiter, weil ich es schrecklich fände, wenn es immerfort piepte, aber zumindest kann ich jetzt selbst dringende Anrufe erledigen, während ich unterwegs bin.

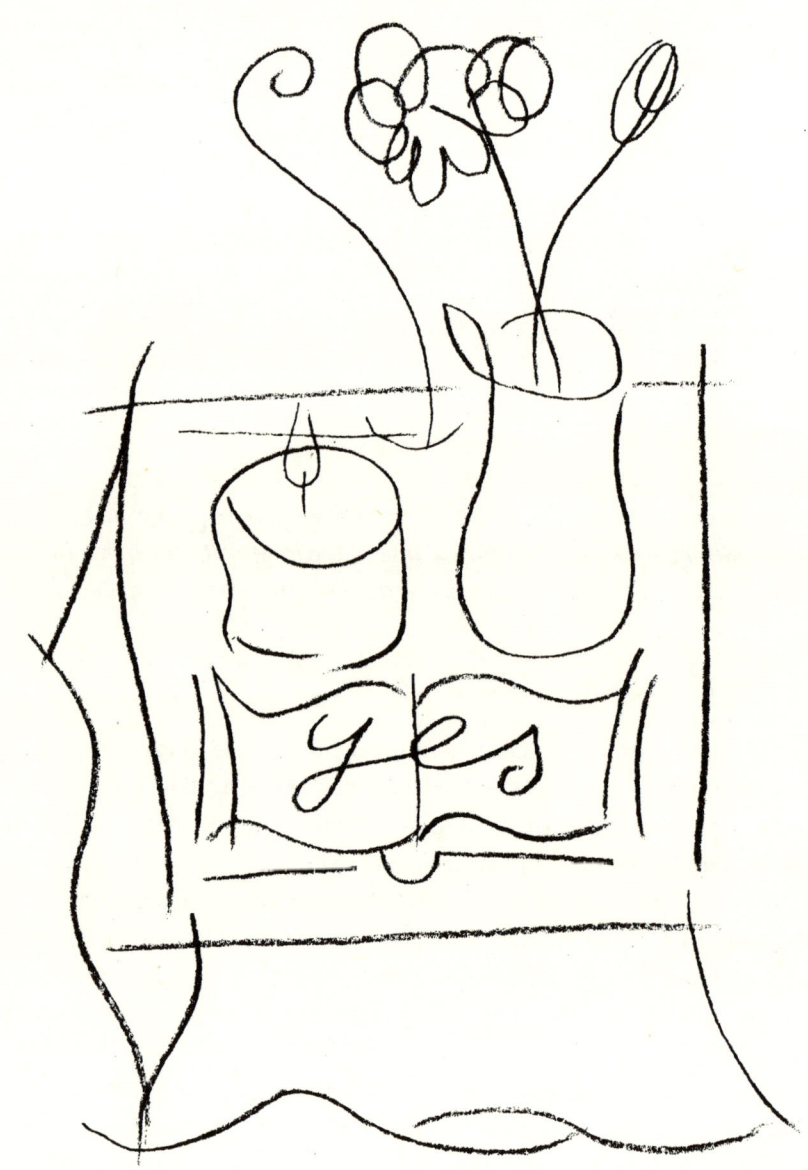

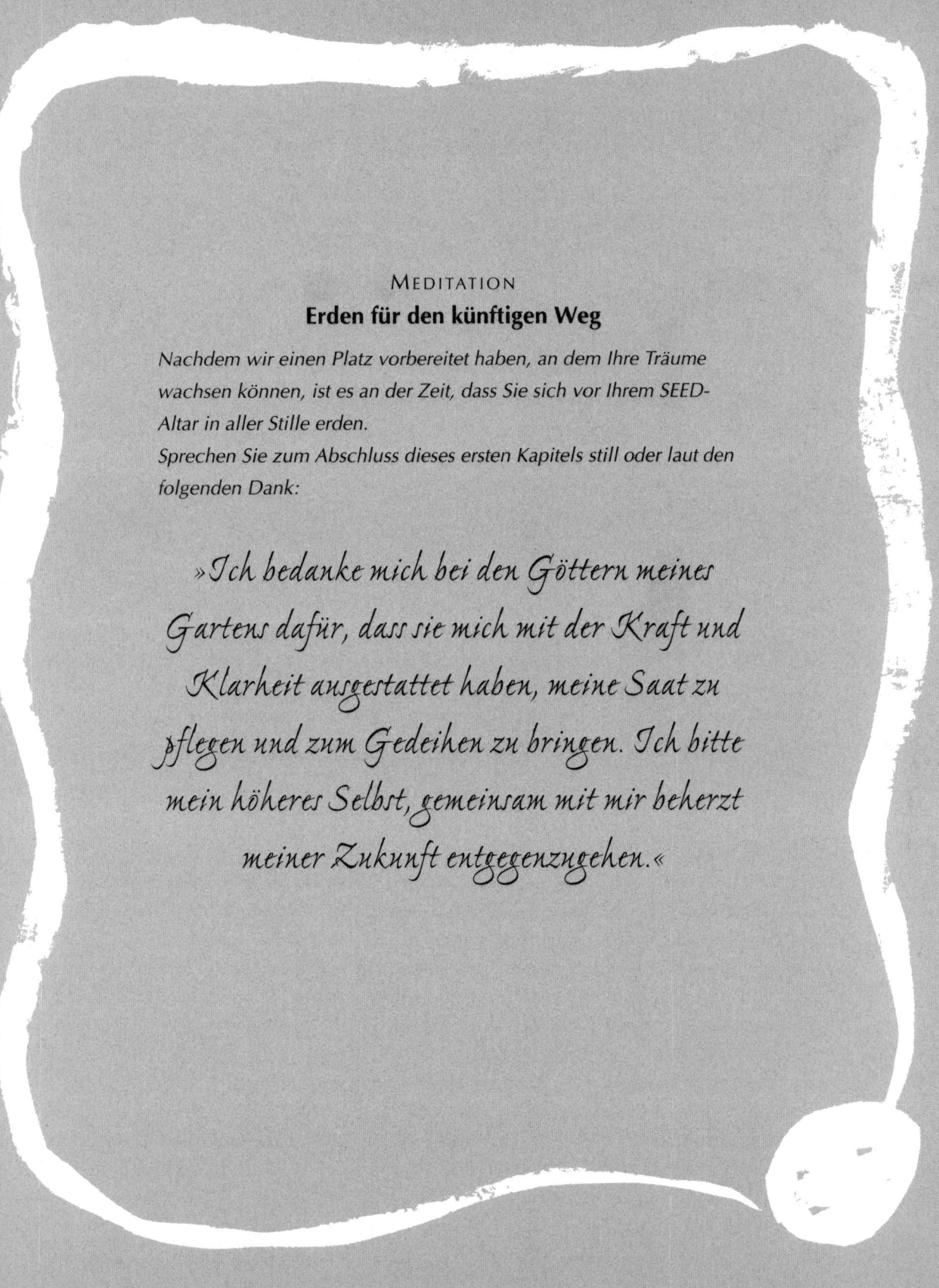

MEDITATION

Erden für den künftigen Weg

Nachdem wir einen Platz vorbereitet haben, an dem Ihre Träume wachsen können, ist es an der Zeit, dass Sie sich vor Ihrem SEED-Altar in aller Stille erden.

Sprechen Sie zum Abschluss dieses ersten Kapitels still oder laut den folgenden Dank:

»Ich bedanke mich bei den Göttern meines Gartens dafür, dass sie mich mit der Kraft und Klarheit ausgestattet haben, meine Saat zu pflegen und zum Gedeihen zu bringen. Ich bitte mein höheres Selbst, gemeinsam mit mir beherzt meiner Zukunft entgegenzugehen.«

Kapitel 2

DIE WURZELN DES MUTES

Hier untersuchen
wir Mut und
Selbstvertrauen
und stellen uns
den Ängsten

Planting
the
Roots
of your Courage

Wie selbstbewusst und mutig sind Sie? Fühlen Sie sich in der Lage, einen eigenen Garten anzulegen, oder haben Sie (verständlicherweise!) Angst davor, Ihre Möglichkeiten auszuschöpfen und SEED-Unternehmerin zu werden?

Es erfordert viel Mut, sich selbst gegenüber ehrlich zu sein, aber genau das müssen Sie sein, wenn Sie ein nachhaltig wirtschaftendes Unternehmen gründen wollen, das auf Ihren Wertvorstellungen und ethischen Grundsätzen beruht. Sie brauchen Mut, um sich verantwortlich zu verhalten, auch wenn Sie mit dem Rücken zur Wand stehen. Aber wenn Sie diesen Mut haben, werden Sie immer erfolgreich sein.

Denken Sie einmal darüber nach, wie viel Mut Sie bereits im Alltagsleben aufbringen, ohne es sich als Verdienst anzurechnen. Allein schon morgens aufzustehen und dem Tag ins Gesicht zu sehen kann enormen Mut erfordern. Schauen Sie auf den heutigen Tag zurück und schreiben Sie mindestens fünf Dinge auf, zu denen Sie eine Menge Mut brauchten. Drei Stunden mit Klammern im Mund auf einem Zahnarztstuhl auszuhalten und mich dann dem Verkehr von Los Angeles auszuliefern waren eindeutig zwei _meiner_ Mutproben.

In Wahrheit können wir alles tun, was wir wollen – es sind unsere eigenen Zweifel und unser mangelndes Selbstvertrauen, die uns zurückhalten. Dabei ist nach Ansicht meiner Freundin Celina, die ihre eigenen Lieder textet und singt, nichts so sexy wie Selbstbewusstsein!

Wovor haben wir solche Angst?

Ehe Sie den Boden für ein neues Vorhaben bereiten können und den Mut aufbringen, einen Anfang zu machen, müssen Sie allen Ängsten ins Auge sehen, die vielleicht in Ihnen schlummern und Sie hemmen.

Welche Ängste sind es, die wir hegen? Haben Sie Angst davor, einen öffentlichen Vortrag zu halten oder im Rampenlicht zu stehen? Eine junge Musikerfreundin hat mir einmal gesagt, sie würde liebend gern auftreten, habe jedoch Angst davor, »angeschaut« zu werden. Fünf Jahre lang war sie College-DJ, aber nur unter einem Pseudonym, und mit ihrer jüdischen Familie verdarb sie es sich gründlich, weil sie zu schüchtern war, um bei der Bar-

Mizwa-Feier ihres Neffen eine Rede zu halten. Jetzt macht sie Werbeaktionen und muss dabei in vorderster Reihe stehen. Da sie sich inzwischen mit ihren Ängsten auseinandergesetzt hat, genießt sie es in vollen Zügen.

Vor aller Augen zu stehen ist für viele von uns ein Horror. Doch manchmal tun wir am Ende genau das, wovor wir am meisten Angst hatten. Auch ich hatte große Hemmungen, »angeschaut« zu werden, und stehe doch inzwischen immer häufiger vor einem großen Publikum.

Ich habe Reden gehalten vor Hunderten, manchmal sogar Tausenden von Leuten und bin regelmäßig im Fernsehen aufgetreten. Schon eine Stunde vor meinem Auftritt brach mir der kalte Schweiß aus, und ich musste ständig zur Toilette rennen.

Um meine Ängste zu überwinden, habe ich begonnen, vorher mein höheres Selbst um Hilfe zu bitten. Ich lauschte auf meine innere Stimme, die mich ermahnte, einfach frisch von der Leber weg zu reden. Ich war schließlich gut auf mein Thema vorbereitet, und Zuhörer reagieren auf ehrliche, von Herzen kommende Vorträge immer positiv. Das sollten sich manche Politiker hinter die Ohren schreiben!

Darüber hinaus haben viele Menschen, besonders Frauen, Angst vor Auseinandersetzungen. Es ist immer viel leichter, Ja und Amen zu sagen oder unangenehme Augenblicke einfach zu umgehen. Gewiss, auch ich hasse sie. Aber bei einer selbständigen unternehmerischen Tätigkeit kommt es unentwegt zu unangenehmen Situationen mit anderen, denen man sich stellen muss.

Was ich gelernt habe, wenn auch langsam, ist, dass eine Auseinandersetzung umso härter wird, je länger man sie aufschiebt. Es ist in jedem Fall besser, seine Gefühle zum Ausdruck zu bringen, in privaten wie in geschäftlichen Beziehungen. Wir müssen lernen, dass Auseinandersetzungen zwar Unbehagen bereiten, dass sie aber, wenn wir uns selbst treu bleiben und wohlwollend statt verärgert an die Sache herangehen, gar nicht unangenehm sein müssen. Das ist die »weibliche Art« des Umgangs miteinander.

Meine sehr weibliche Anwältin Carol Goodman aus San Francisco hat sich auf etwas spezialisiert, das sie »positive Konfliktlösung« nennt. Sie hat mir erklärt, dass das Wort »Auseinandersetzung« das Bild wütender Menschen heraufbeschwört: »Meistens schwingen eine Menge Schuldgefühle bei Auseinandersetzungen mit, sodass die Betroffenen entweder überkompensieren oder aggressiv werden. Das liegt bei unangenehmen Situationen in der menschlichen Natur begründet, denn jede Partei will Recht haben und beweisen, dass die Gegenpartei im Unrecht ist.

Es ist jedoch weit besser, die Situation wie ein Außenstehender objektiv zu betrachten. Mit Sicherheit gibt es Faktoren, von denen man nichts weiß, die jedoch für die Gegenpartei wichtig sind. Man sollte eine Auseinandersetzung nie als Kampf betrachten, sondern als

Gelegenheit, Verständnis für die beiderseitigen Gefühle zu gewinnen. Lernen Sie, in einen Dialog zu treten, um Möglichkeiten für die Zukunft offen zu halten, und versuchen Sie, die betreffende Situation mit den Augen des anderen zu sehen. Es geht nie um Gewinn und Verlust, sondern darum, durch Erfahrungen zu lernen und auf eine positive Art und Weise voranzukommen.«

Wie wächst der Mut? Erfolgsstorys

Sehr viele von den Hunderten junger Frauen und wenigen jungen Männern, die ich über die Jahre in meiner PR-Agentur ausgebildet habe, sind inzwischen selbständig.

Bevor ich mich an die Befragung der vielen Unternehmer und Unternehmerinnen machte, von denen die meisten Fallgeschichten dieses Buches handeln, beschloss ich, meine eigenen ehemaligen Angestellten auszuforschen und herauszufinden, wie sie auf die Idee gekommen sind, ein eigenes Unternehmen zu starten.

Ich hatte das große Glück, in der Zeit, als ich die Lynne-Franks-PR-Agentur leitete, mit einigen außergewöhnlichen Leuten zusammenzuarbeiten, und wusste, dass ihre Geschichten eine Anregung für andere sein würden.

Also habe ich mit etlichen Kontakt aufgenommen und sie gefragt, was ihnen den Mut gegeben hat, sich selbständig zu machen. Alle sagten mir zu meiner Überraschung, dass ich bei unserer gemeinsamen Arbeit Unmögliches von ihnen verlangt hätte, ihnen jedoch auch Kraft verliehen hätte, indem ich einfach darauf vertraute, dass sie es schaffen würden.

Sie erinnerten mich zum Beispiel daran, dass sie die Geschichte eines Kunden auf die Titelseite einer überregionalen Zeitung bringen oder eine Graffiti-Ausstellung für Swatch-Uhren mitten in London organisieren sollten, und zwar innerhalb eines Monats. Ich hatte immer Dinge von ihnen verlangt, zu denen sie meiner Ansicht nach fähig waren, auch wenn sie selbst nicht daran glaubten.

Sie hatten daraus den Schluss gezogen, dass sie, wenn sie für mich das Unmögliche möglich machen konnten, es ganz bestimmt auch in eigener Sache tun konnten. Ich hatte gesehen, was in ihnen steckte, und dafür gesorgt, dass sie diese Möglichkeiten ausschöpften.

Ehemalige Verkäuferinnen, Kunststudentinnen und Sekretärinnen sind jetzt überall auf der Welt selbständig tätig. Eine ist Top-Agentin in Hollywood, eine andere erfolgreiche Marketingberaterin in Melbourne. Viele von ihnen leiten PR-Agenturen, die heute freundschaftlich miteinander verbunden sind und sich gegenseitig unterstützen.

An mich selbst glauben, damit andere es auch tun. >>

BELIEVE
in MYSELF
So others will
TOO

Daniella – geklonter Mut

Daniella Milton, die mittlerweile eine Agentur in L.A. besitzt und viele Top-Masken- und Kostümbildner in Hollywood vertritt, erinnerte mich daran, wie sie als völlig unbedarfte Siebzehnjährige zu mir gekommen war.

»Ich war mit fünfzehn von der Schule abgegangen und hatte in einem Laden gearbeitet. Dann haben Sie mir eine Stelle in Ihrem Büro angeboten, als ich mich wegen einer ganz anderen Tätigkeit bei Ihnen meldete. Sie haben etwas in mir gesehen, von dem ich selbst nichts ahnte, und obwohl ich nicht einmal Maschine schreiben konnte, haben Sie mir gezeigt, dass ich kaufmännische Fähigkeiten entwickeln konnte.«

Daniella erinnerte mich auch daran, dass wir in den Anfangstagen der Agentur, als sie dazustieß, alle an einem großen runden Tisch in unserem schicken Büro in Covent Garden arbeiteten. Sie hätte sich in ihre Aufgaben eingearbeitet, weil sie mir und anderen erfahrenen PR-Agentinnen zuhören konnte.

»Ich habe Sie so weit nachgeahmt, dass es schon hieß, ich sei ein Klon von Ihnen. Aber so habe ich gelernt, meine eigene Geschicklichkeit im Umgang mit Menschen zu entwickeln, und das hilft mir heute geschäftlich weiter. Die Filmindustrie ist eine sehr budgetorientierte Branche, und die Verhandlungen zwischen Produzenten und Kreativen werden mit harten Bandagen geführt.«

Mein Grund für den Start eines eigenen Unternehmens ist der, dass ich gesehen habe, was für eine Kluft zwischen den Kreativen im Hintergrund und den Produzenten bestand. Die Kreativen hassen es, über Geld reden zu müssen; als ich bei der Schauspielerin Anjelica Huston am Drehort in Santa Fe als Assistentin angestellt war, bot ich einmal einer befreundeten Kostümbildnerin an, ihr beim anstehenden Vertragsabschluss für ihren neuen Film zu helfen.«

Da sich dieser Arbeit niemand sonst widmete, verbreitete sich die Kunde. Die Leute riefen Daniella an und baten sie, sie zu vertreten. Mit einem kleinen Kind und einem Schauspieler als Mann konnte sie jedoch nicht einfach ihre Angestelltentätigkeit aufgeben.

»Ich erzählte Anjelica, was los war, und sie willigte freundlich ein, mich zum halben Gehalt halbtags zu beschäftigen, sodass ich meine selbständige Tätigkeit aufnehmen konnte, während ich noch für sie arbeitete. Ich richtete einen eigenen Telefonanschluss ein und legte los.«

Nach sechs Monaten war klar, dass die Agenturarbeit ein Full-Time-Job war, und so zog Daniella in ein Gemeinschaftsbüro in Hollywood. »Mein kleiner Sohn fordert mich zu sehr, als dass ich zu Hause arbeiten konnte. Außerdem muss mein Büro zentral gelegen sein, wenn ich ernst genommen werden will.«

Als sie mit ihrem zweiten Kind schwanger war, investierte Daniella in einen Computer, ein Faxgerät und eine Telefonanlage, in Büromaterial, Visitenkarten und eine Einführungsparty. Inzwischen vertritt sie über 25 begabte Kreative im Filmgeschäft und hat sich bei einigen der Topproduzenten Hollywoods schnell den Ruf einer raffinierten Verhandlungsführerin erworben.

»Ich sehe nicht ein, warum geschäftliche Dinge unfreundlich ablaufen sollten. Ich glaube, Freundlichkeit ist bei jedem Handel wichtig, wenn er für beide Seiten gewinnbringend sein soll, und das Verhandlungsgeschick, das ich mir als PR-Beraterin erworben habe, hat mir deutlich gezeigt, wie ich stark und selbstbewusst bleiben kann, indem ich die jeweilige Situation aus allen Blickwinkeln betrachte.«

Vicky – ins tiefe Wasser geworfen

Vicky Pepys kam Anfang der achtziger Jahre frisch von der Kunstschule in meine Agentur, voller höchst kreativer Ideen, aber ohne jede Berufserfahrung. Mit ihrem nüchternen, erdhaften nordenglischen Charme bezauberte sie in kurzer Zeit alle, die ihr begegneten.

Vicky erzählte mir, nach der Zeit in meiner Agentur hätte sie, wenn sie Unmögliches vollbringen sollte, es möglich gemacht.

»Sie haben uns dazu angetrieben, an uns selbst zu glauben. Wir haben gelernt, flexibel zu sein, immer vorauszudenken und uns mit unserem Können an die vorderste Front zu wagen. Wir sind ins tiefe Wasser geworfen worden und mussten schwimmen, mussten das Beste aus allem machen, was das Leben uns zumutete.«

Vicky lebt heute mit ihrem Mann Simon zusammen in einem abgelegenen englischen Dorf. Sie betreibt nicht nur ganz alleine eine PR- und Marketingagentur, sondern sie sieht auch zwischendurch nach ihren Hühnern, schreibt für die Dorfzeitung und organisiert Gemeindefeste vor Ort.

Ihre Beratungsfirma hat sie auf drei Gebote gegründet. Erstens: Stelle sicher, dass du mit deiner kommerziellen Tätigkeit ein regelmäßiges Mindesteinkommen erzielst. Zweitens: Lass dir immer Zeit für die kreative Arbeit, die dir zwar nicht viel einbringt, die du aber liebst. Und drittens: Setze dein Können zum Wohl der Gemeinde ein.

Das alles hat Vicky hervorragend unter einen Hut gebracht. Sie arbeitet drei Tage in der Woche als Marketingberaterin für einen der größten britischen Hersteller von Kaschmirbekleidung und nimmt daneben die kreativen Möglichkeiten wahr, Projekte wie Modeschauen zu verwirklichen oder Werbematerial für kulturelle Ereignisse zusammenzustellen.

Zu ihrem kommunalen Engagement gehört auch, dass sie ihre Dienste im Tausch für eine

Gegenleistung anbietet. »Als ich hierher zog, habe ich mein Fahrrad gegen eine Steinmauer eingetauscht, und ich schreibe gern das eine oder andere für die Einheimischen, was mir ab und zu ein halbes Schaf für die Tiefkühltruhe einträgt. Im Augenblick lanciere ich gerade Berichte über die staatliche Wollpreiskontrolle für einen örtlichen Farmer in der überregionalen Presse. Dafür werde ich wohl ein ganzes Schaf einheimsen.«

Ann-Marie und Harriet – furchtlose Abenteurerinnen

Ann-Marie Fitzgerald und Harriet Ayre-Smith, beide in Australien geboren, waren eine Zeit lang in führender Position in meiner PR-Agentur tätig, ehe sie nach »Down Under« zurückkehrten. Dort gründeten sie in ihren jeweiligen Heimatstädten Melbourne und Sydney eine eigene PR- und Marketingagentur.

Harriet machte sich erst vor kurzem selbständig, nachdem sie mehrere Jahre lang als PR-Agentin für Chanel in Australien gearbeitet hatte. »Ich beschloss, mit ein paar vertrauenswürdigen Partnern ein Unternehmen zu gründen. Ich bin allein erziehende Mutter mit einer kleinen Tochter und brauche Geschäftspartner, auf die ich mich verlassen kann, wenn ich mal bei meiner Tochter bleiben muss.«

Wie andere aus meiner Agentur sagt auch sie, dass sie durch mich das nötige Selbstvertrauen bekommen habe, sich selbständig zu machen, weil ich ihr das Gefühl vermittelt hätte, es gäbe nichts, was sie nicht könnte.

»Sie waren ein starkes Rollenvorbild, das eine Umgebung schuf, die auf neue Talente ermutigend und bestätigend wirkte. Wir mussten zwar hart arbeiten bei Ihnen, aber wir haben auch viel dabei gelernt. Wir waren wie eine große Familie, aber alles war spannend und anregend.«

Harriet sagte, in den Räumen ihrer Agentur sei Lachen das verbreitetste Geräusch, und die Beziehung zwischen ihr und ihren Partnern beruhe ebenso auf Humor wie auf Professionalität und Kreativität.

Ann-Maries Agentur ist heute im ganzen pazifischen Raum für professionelle, kreative Arbeit bekannt. Als Ann-Marie nach Australien zurückgekehrt war, hatte sie zuerst eine hochbezahlte Tätigkeit in einem Modeunternehmen, aber sie wollte lieber in eigener Regie kreativ sein.

Möglichst jeden Tag ein Gedicht lesen, erhebende Musik anhören, >>
ein wunderbares Bild anschauen oder hinaus in die Natur gehen.

EVERYDAY
TRY AND READ
A POEM, LISTEN
TO AN INSPIRING
PIECE OF MUSIC,
LOOK AT A
WONDERFUL PAINTING
OR GO INTO NATURE

»Ich bekam Angebote für freiberufliche Arbeiten und die Zusage, dass mein Boss mir als Kunde erhalten bleiben würde; da dachte ich, warum nicht selbständig werden?« Mit Unterstützung ihres Freundes Kerry, damals Fotograf und jetzt ihr Geschäftspartner und Ehemann, fand sie ein kleines Büro, dachte sich einen Firmennamen aus und ließ entsprechende Visitenkarten drucken.

»Ich habe im Lauf der Zeit alles angeschafft, Computer, Ausrüstung usw. Ich brauchte mir nie etwas von der Bank zu borgen und war wohl ziemlich konservativ, denn ich habe jeden Gewinn sofort wieder ins Unternehmen gesteckt.«

Frauen sind laut Ann-Marie weniger risikobereit. »Normalerweise sind wir für den Haushalt zuständig und teilen das Haushaltsgeld ein. Wir sind von Natur aus vorsichtig.« Sie hat mir erzählt, dass in Australien derzeit 60 Prozent aller neuen Kleinunternehmen von Frauen gegründet werden. Die kleinen Frauenfirmen sind auch langlebiger, und das liegt daran, wie Ann-Marie fest glaubt, dass sie weniger Risiken eingehen.

»Ich weiß, dass ich mein Unternehmen vergrößern könnte, wenn ich wollte, aber ich halte es lieber in einem überschaubaren Rahmen und bleibe bei ein paar guten Kunden. Mir sind langfristige Kundenbindungen lieber, als immer herumlaufen und mir neue suchen zu müssen. Ich dränge mich nie auf, sondern werde weiterempfohlen. Meine Firmenpolitik ist die, mich für jeden Kunden voll einzusetzen, und der Kunde bewahrt mir im Gegenzug die Treue.«

Diese Geschichten von einigen der vielen talentierten Frauen, die im Lauf der Jahre für mich gearbeitet haben, habe ich hier nicht wiedergegeben, um mir selbstgefällig auf die Schulter zu klopfen. Vielmehr will ich damit zeigen, dass wir alle unbegrenzte Möglichkeiten haben, unsere Träume zu erfüllen, ob uns nun jemand anders den nötigen Anstoß gibt oder wir selbst.

ÜBUNG
Trauen Sie sich, etwas zu tun, vor dem Sie Angst haben

Ich will Sie jetzt bitten, etwas zu tun, was Sie schon immer tun wollten, sich jedoch nie getraut haben. Es sollte nichts mit Ihrer Arbeit zu tun haben, sondern etwas sein, das nicht zu probieren Sie ewig bereuen würden. Im Idealfall tun Sie's noch diese Woche, aber falls Sie den geheimen Wunsch hegen, nach Indien zu reisen, sollten Sie sich zumindest noch diese Woche zu der Reise entschließen und die nötigen Vorkehrungen treffen.

Der Wunsch kann zum Beispiel ein Fallschirmsprung aus einem Flugzeug sein, Sporttauchen oder ein Flug im Heißluftballon. Oder etwas weniger Sportliches wie zum Beispiel Singen vor Freunden und Angehörigen, ein Selbstporträt malen, sich in einem Sex-Shop umschauen oder allein ein Rock-Konzert besuchen und die ganze Nacht dabei tanzen.

Obwohl ich es oft wollte, habe ich es immer als schrecklich empfunden, allein ins Kino zu gehen. Ich stelle mir vor, alle Zuschauer würden sich nach mir umdrehen und denken, ich hätte keine Freunde, dabei sagen mir immer wieder Leute, die sich ohne Begleitung einen Film ansehen, wie toll das ist. Sie sagen mir, es sei die einzige Möglichkeit, um den emotionalen Freiraum zu haben, in dem sie den Film wirklich genießen können. Ich hingegen werde dann vollkommen paranoid.

Denken Sie sich also etwas Kleines, Machbares aus, was Sie in dieser Woche tun können, um sich mit Ihren Ängsten auseinanderzusetzen. Vielleicht rufen Sie einfach nur Ihren Ex-Mann an, mit dem Sie die Beziehung nie richtig abgeschlossen haben, und verabschieden

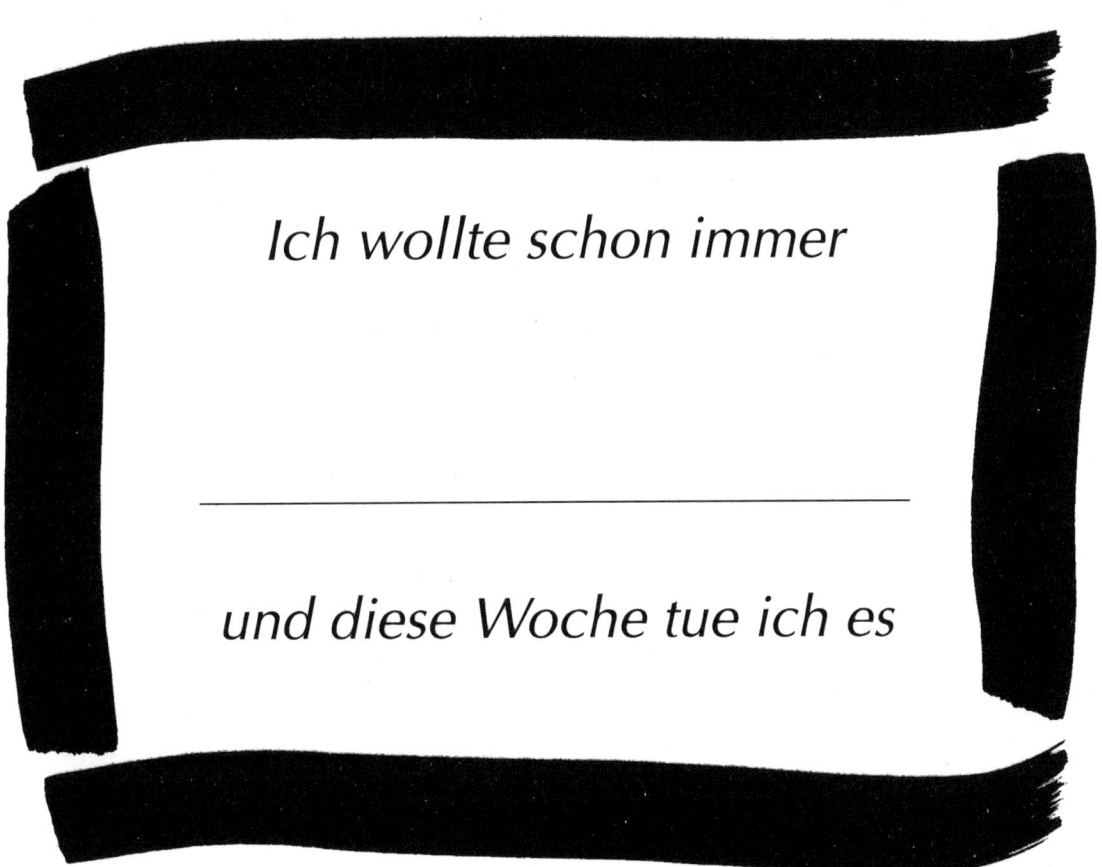

Ich wollte schon immer

und diese Woche tue ich es

sich liebevoll von ihm. Es ist nie zu spät, noch ein paar mehr von den Barrieren einzureißen, die uns davon abhalten, unsere Möglichkeiten voll auszuschöpfen.

Nehmen Sie sich Zeit dafür an Ihrem Platz der Stille und denken Sie gründlich darüber nach, was Sie sich immer gewünscht, aber nie getraut haben.

Sobald Sie diesen großen Schritt getan haben, werden Sie feststellen, dass Ihr Selbstbewusstsein zunimmt. Es nähert sich in Riesensprüngen der Erfüllung Ihrer SEED-Träume.

Geben Sie vor, selbstbewusst zu sein, denken Sie an all das, was Sie bereits wissen, und erkennen Sie die weise Frau in Ihrem Innern.

Denise Linn hat mir vor kurzem erzählt, wie einfach es ist, den Leuten vorzugaukeln, man hätte Selbstvertrauen. »Wenn man sich so verhält, als hätte man Selbstvertrauen, glaubt man es ziemlich bald selber!«

Außerdem gab sie mir zu bedenken, dass sich im Leben nicht immer alles so entwickelt, wie man es haben will. »Wir müssen uns daran erinnern, wie kleine Kinder es machen. Wenn sie hinfallen, rappeln sie sich einfach wieder auf und fangen noch einmal von vorn an.«

44 •

Leider unterschätzen sich viele, besonders Frauen. Unsere Selbstachtung ist erstaunlich gering. Das kann man auf 2000 Jahre überwiegend patriarchalische Gesellschaft schieben, auf die Werbung, die Mode und die Kosmetikindustrie oder auf die in uns selbst begründeten Minderwertigkeitsgefühle. Frauen meiner Altersgruppe haben oft das Empfinden, nicht rechtzeitig die Kurve gekriegt zu haben, und glauben nicht mehr daran, ihre Träume verwirklichen zu können.

Aber wir reiferen Frauen sollten nicht so leicht aufgeben. Schließlich gehören wir zur Babyboom-Generation, die in der Freiheit der sechziger Jahre aufgewachsen ist und jetzt das Wissen weiser Frauen hat. Wir sollten unsere Erfahrungen mit unseren Söhnen und Töchtern und mit jungen Freunden teilen.

Mit anderen zu teilen stärkt immer das Selbstbewusstsein, insbesondere bei Frauen. Tun Sie sich mit ein paar Freundinnen zusammen, die ähnliche Ideen und entsprechende Kenntnisse haben, und helfen Sie sich mit Ihrer Weisheit gegenseitig weiter! Sie können gemeinsam nach den SEED-Prinzipien arbeiten und vielleicht sogar ein Gemeinschaftsunternehmen starten. Einander zu unterstützen und Rückhalt zu geben ist der richtige Weg.

Misserfolge geben uns auch wieder eine Lektion auf. Denken Sie an das, was im SEED-Manifest steht: »Selbst aus einem Fehlschlag noch eine Lehre ziehen.« Ich habe unzählige

Selbst aus einem Fehlschlag noch eine Lehre ziehen. >>

When I lose

don't lose

the lesson

Fehler gemacht im Berufs- wie auch im Privatleben, doch davon habe ich mich nicht aufhalten lassen. Im Gegenteil.

Meine Selbstachtung kann allerdings immer noch erschüttert werden. Stark ins Wanken
geriet sie nach der Trennung von meinem Mann, mit dem ich zwanzig Jahre zusammen war,
und nach meinem Ausscheiden aus der Agentur, die ich gegründet habe. Eine Zeit lang hatte ich jeden Bezug zu meinem Selbstwertgefühl und dem, was ich erreicht hatte, verloren.

Dann habe ich durch meine spirituelle Praxis und mit Hilfe liebevoller Freunde das
wiedergefunden, was die wahre Lynne Franks ausmacht. Es war nicht der äußere Erfolg, auf
den ich zurückblicken konnte, sondern die Liebe, die ich so vielen Menschen gegeben und
selbst empfangen hatte.

Ich lernte, mich mit meinem höheren Selbst und dadurch mit Gott zu verbinden. Ich
brauchte mich bloß draußen in freier Natur irgendwo hinzusetzen, mich auf die Schönheit
um mich herum einzustimmen und mein Ego loszulassen. Dann fiel meine Unsicherheit
von mir ab, und ich spürte das Vertrauen auf den Strom meiner eigenen Lebenskraft wieder.

Es dauert unter Umständen ein Weilchen, aber die göttliche Energie steht uns allen zur
Verfügung. Nehmen Sie doch die Gelegenheit wahr, Ihren speziellen Platz in der Natur oder
vor Ihrem Altar aufzusuchen und sich Ihrem natürlichen Lebensstrom zu überlassen!

Für Mut und Selbstvertrauen

Bitten Sie das Universum um den Mut, Ihren Traum zu verwirklichen. Gönnen Sie sich ein paar Minuten Stille, die Ihrer Seele wohl tun, und stellen Sie sich vor, wie Sie die Erde in Ihrem Garten wässern. Sprechen Sie dann die Affirmation für Mut und Selbstvertrauen. Sagen Sie dazu das folgende Gebet auf oder formulieren Sie selber eins:

> *»Ich wässere meine Seele aus dem Fluss des Universums. Ich vertraue auf mein höheres Selbst und habe den Mut, meine Möglichkeiten auszuschöpfen und meine Träume zu verwirklichen.«*

Wiederholen Sie diese Worte nach jeder Ihrer zwei täglichen Meditationen laut, und Sie werden sehen, wie schnell Sie daran glauben.

Kapitel 3

DIE SEELE INS ERDREICH PFLANZEN

Jetzt graben Sie tief in Ihrem Innern,
um Ihre Stärken und Schwächen, Ihre
Leidenschaften und Fähigkeiten zu
erkennen.

Was für eine Gärtnerin sind Sie? Wollen Sie Ihre Pflanzen vom Saatkorn an langsam und sorgsam aufziehen, oder sind Sie mehr für Wildwuchs? Wie sind Sie jetzt, und wie wollen Sie einmal sein? Welche Leidenschaften haben Sie und welche Begabungen?

Wie kommt der Sonnenschein in Ihre Seele?

Woran haben Sie die größte Freude, wo liegen Ihre Interessen und Talente, und wie wollen Sie das alles in ein geschäftliches Unternehmen einbringen?

Die Leidenschaften sind manchmal leicht zu erkennen. Wobei wird Ihnen warm ums Herz, wenn Sie nur daran denken? Sehen Sie eine Möglichkeit, diese Freude mit Ihren gesammelten Berufserfahrungen und Fähigkeiten zu verbinden?

Vor einigen Jahren habe ich bei einer Veranstaltung zu Ehren des *Prince's Trust,* einer von Prinz Charles ins Leben gerufenen Organisation, die junge Leute zu selbständiger Firmengründung ermutigt, eine junge Engländerin kennen gelernt. Angeregt von der Stiftung und ihrer Bewunderung für Barbra Streisand, hatte sie bereits als Jugendliche eine der bekanntesten Fan-Zeitschriften der Welt herausgebracht. Ich fand es wunderbar, dass sie ihre Fan-Aktivitäten in ein Geschäftsunternehmen einfließen lassen konnte und sich mit ihrem Hobby den Lebensunterhalt verdient!

Natürlich erscheint es vielen von Ihnen als einfachster Schritt in die Selbständigkeit, Ihren derzeitigen Angestelltenstatus in eine freiberufliche Tätigkeit umzuwandeln. Aber macht Ihnen Ihre gegenwärtige Tätigkeit wirklich Spaß? Und diejenigen, die im Augenblick keinem Beruf nachgehen – wollen Sie an Ihre letzte Tätigkeit bzw. an Ihre Ausbildung anknüpfen, oder wollen Sie etwas ganz Neues ins Auge fassen? Lassen sich Ihre beruflichen Erfahrungen vielleicht zum Teil mit Ihren persönlichen Wertvorstellungen und Neigungen vereinen?

Schauen wir uns zuerst einmal an, womit Sie am liebsten Ihre Zeit zubringen – was Ihnen das Herz erwärmt. Stellen Sie eine Liste von 20 Aktivitäten auf, denen Sie im Augenblick besonders gern nachgehen. Das können sowohl berufliche als auch private Tätigkeiten sein. Dazugehören könnten Spazierengehen, Tanzen, Besuche von Kunstmuseen, Geselligkeiten mit anderen Menschen oder Surfen im Internet.

ÜBUNG
Welche Leidenschaften hegen Sie?
Mir wird warm ums Herz, wenn ich . . .
(Schreiben Sie zwanzig Tätigkeiten auf)

51.

Um sicherzustellen, dass wir keine Leidenschaft übersehen, die Sie vernachlässigt haben, wollen wir uns auch die Aktivitäten und Hobbys vornehmen, die Sie als Kind und Jugendliche bevorzugt haben.

Zum Beispiel habe ich als Kind immer die Spiele mit den anderen Kindern in der Nachbarschaft organisiert, aber auch gern gelesen und getanzt. Als Teenager habe ich dann die sozialen Aktivitäten anderer organisiert und weiterhin gern getanzt, gelesen und geschrieben. Jetzt bin ich längst erwachsen und mache immer noch das Gleiche. Ich weiß inzwischen zu würdigen, dass zu meinen Fähigkeiten eine gute Hand im Umgang mit Menschen, Organisationstalent, eine schnelle Informationsaufnahme und das Schreiben gehören. Das sind ideale Voraussetzungen für einen Menschen mit einer beruflichen Ausrichtung auf Öffentlichkeitsarbeit, Journalismus und Vorträge, der noch dazu liebend gern tanzt, wann immer es möglich ist.

Eine meiner Freundinnen hat einen Großteil ihrer Kindheit und Jugend damit verbracht, all ihren Freundinnen telefonisch Rat bei Eltern- und Beziehungsproblemen zu geben. Es braucht wohl kaum erwähnt zu werden, dass sie Psychologin geworden ist.

Eine andere Freundin, mittlerweile erfolgreiche Innenarchitektin, erzählte mir, dass sie schon als Kind mit Wonne die Möbel für ihre Puppen selbst zimmerte, auf der Nähmaschine ihrer Mutter kleine Vorhänge nähte und als Jugendliche dauernd ihr Zimmer umgestaltete.

ÜBUNG
Die Leidenschaften meiner Kindheit und Jugend

Als Kind habe ich immer gern . . .

....

....

....

....

....

Als Teenager habe ich immer gern . . .

....

....

....

....

Ihre Eigenschaften: gute, schlechte und akzeptable

Nachdem Sie inzwischen herausgefunden haben, was Sie am liebsten machen mit Ihrer Zeit, wollen wir jetzt einen Blick auf Ihre Stärken und Schwächen werfen. Wenn Sie Ihre Leidenschaften, Fähigkeiten und Problembereiche ehrlich erforscht haben, können Sie sich allmählich ein Bild davon machen, wie sich das, was Ihnen eigen ist und was Sie lieben, in ein geschäftliches Unternehmen einbringen lässt.

Manchmal wird es Ihnen schwer fallen, sich objektiv einzuschätzen, deshalb sollten Sie die Liste Ihrer Stärken und Schwächen sowohl mit Menschen durchsehen, die Ihnen lieb und teuer sind, als auch mit Arbeitskollegen oder -kolleginnen. Wählen Sie dazu Leute, von denen Sie wissen, dass sie Ihnen die Wahrheit sagen. Natürlich sind die Stärken des einen die Schwächen des anderen – es kommt nur auf den Kontext und die richtige Gewichtung an.

Vielleicht kommunizieren Sie lieber schriftlich als mündlich und betrachten das als Stärke, wie eine meiner Freundinnen. Aber obwohl sie damit in ihrer Berufssparte gut vorankommt, heißt es doch auch, dass sie nicht in der Lage ist, sich Auge in Auge mit anderen auseinanderzusetzen, was eindeutig eine Schwäche ist.

Sinn für Humor in nahezu jeder Situation zu beweisen ist sicherlich ein Plus, während es andererseits ein dickes Minus ist, Situationen nicht ernst zu nehmen, die eigentlich ernst genommen werden müssten.

Wir müssen lernen, unsere Schwächen entweder positiv einzusetzen oder sie einfach zu überwinden. Ich zum Beispiel denke manchmal zu schnell, spreche zu hastig oder beende die Sätze meiner GesprächspartnerInnen selbst – ein sehr ärgerliches Verhaltensmuster. Darum heißt es auch im SEED-Manifest: »Langsam sprechen, aber schnell denken.« Das ist für mich persönlich eine Ermahnung, zwar unbedingt gründlich nachzudenken, aber nicht gleich damit herauszuplatzen.

ÜBUNG
Plus- und Minuspunkte
Stellen Sie eine Liste Ihrer Stärken und Schwächen auf, wobei Sie nicht nur Ihre Selbsteinschätzungen berücksichtigen, sondern auch das, was andere dazu sagen.

STÄRKEN	SCHWÄCHEN

Überlegen Sie, wenn Sie ein eigenes Unternehmen planen, welche Ihrer Schwächen sich positiv auswirken könnten. Falls Sie beispielsweise immer rastlos sind, könnten Sie an eine Tätigkeit denken, bei der Sie viel reisen müssen. Wenn Sie nicht allzu gern mit Erwachsenen zusammen, aber kinderlieb sind, können Sie sich etwas in Richtung Kinderbetreuung oder Erziehung überlegen.

Einige Schwächen gibt es allerdings, die einfach akzeptiert und berücksichtigt werden müssen bei der Zukunftsplanung. Wenn Sie zum Beispiel nichts für größere Menschenmengen übrig haben, sollten Sie sich geschäftlich so einrichten, dass Sie nichts damit zu tun haben.

Eigentlich entspricht das alles dem gesunden Menschenverstand, aber erstaunlicherweise ignorieren wir manchmal unsere wesentlichsten Persönlichkeitsmerkmale und Eigenschaften, wenn wir eine bestimmte Tätigkeit aufnehmen oder unser Berufsleben planen.

Fähigkeiten, Mittel, Kenntnisse und Kontakte: Wie Sie auf die Unternehmerin in Ihrem Innern stoßen

Als Nächstes müssen wir unsere professionellen und sonstigen Fähigkeiten unter die Lupe nehmen, die uns bei unserem Unternehmertum von Nutzen sind, ferner unsere Mittel, Kenntnisse und Kontakte.

Ich glaube, in jedem und jeder von uns steckt ein Unternehmer bzw. eine Unternehmerin. So müssen Sie zum Beispiel Qualitäten als Unternehmerin und Zeitmanagerin aufweisen können, wenn Sie Mutter und Hausfrau sind – Sie müssen die Arbeitslast richtig verteilen, die Familientermine organisieren und das Haushaltsbudget im Griff haben. Auch als Künstlerin oder Schriftstellerin müssen sie unternehmerische Fähigkeiten haben. Sie müssen Ihre Arbeitsmittel einkaufen, Ihr jeweiliges Werk produzieren und es vor allem schließlich verkaufen können. Ob Sie nun Geschäftsführerin oder Sekretärin sind, immer organisieren Sie Ihre Arbeit auf kreative, unternehmerische Weise. In uns allen schlummern die Fähigkeiten zu unternehmerischer Selbständigkeit, und sie sind oft schon im Gebrauch oder nur ein wenig angestaubt.

Wir vergessen leicht, wie viel Kenntnisse wir uns über die Jahre angeeignet haben. Nehmen Sie es nicht als selbstverständlich hin, dass Sie immer gern gekocht haben und wunderbare Rezepte erfinden oder dass Sie mit sicherem Geschmack die Kleidung für sich und andere auswählen können. Vielleicht haben Sie sich jahrelang mit Naturheilkunde befasst und sind dadurch eine Expertin in Sachen gesunder Ernährung und Kräuterkunde geworden. Und wie steht's mit der Kunst, für die Sie sich schon in der Schule begeistert hatten, um dann doch Jura zu studieren?

Gärtnern, die Verwaltung der persönlichen Finanzen, die Sorge für andere, ein guter Umgang mit Tieren, Einkaufen, häusliches Do-it-yourself – Sie werden erstaunt sein, auf wie vielen Gebieten Sie Expertin sind und wie sich solche Fertigkeiten anwenden lassen.

Die persönlichen Fähigkeiten, Kenntnisse und Kontakte erkennen

Meine beruflichen und privaten Fähigkeiten sind:

....

....

....

....

Die besten Kenntnisse habe ich in:

....

56.

....

....

....

Meine besten SEED-Kontakte sind:

Name	Tel.-Nr.	Hilfe welcher Art?

Dann gibt es noch Fähigkeiten, die Sie sich in Ihrem Beruf allmählich erworben haben und die Ihnen unter Umständen gar nicht bewusst sind: im Büromanagement, in der Raumgestaltung, Terminplanung und Buchhaltung, im Verkauf, in der Präsentation und Psychologie, im Marketing und im Schreiben – ich bin sicher, die Liste lässt sich beliebig fortsetzen.

Was die Kontakte betrifft, würden Sie staunen, wie viele Menschen Sie kennen, die Ihnen bei der Gründung Ihrer Firma nützlich sein können – und zwar mit Vergnügen. Frühere Chefs und Kollegen könnten Ihnen Rat geben oder Sie mit entsprechenden Leuten bekannt machen; Bekannte im Medienbereich könnten Ihnen helfen, für Ihr junges Unternehmen zu werben.

Denken Sie an den Freund einer Freundin, der Grafiker ist und Ihnen gern gratis oder für wenig Geld ein Logo entwerfen würde, oder an den Onkel, der Drucker ist und Ihnen Ihr erstes Werbematerial auf Kredit herstellen könnte. Denken Sie gut nach, ob Sie nicht jemanden kennen, der selber Steuerberater oder Anwalt oder mit einem solchen verheiratet ist. Das kann von großem Nutzen sein. Auch die Computerkenntnisse Ihrer heranwachsenden Kinder könnten Ihnen eine große Hilfe sein.

Entwickeln Sie keine Schuldgefühle, weil Sie meinen, die Leute auszunutzen. Seien Sie einfach bereit, auch Ihrerseits anderen zu helfen.

57.

Die Klärung der Motive

Da wir schon so tief nachgraben: Sind Sie sich eigentlich darüber im Klaren, warum Sie selbstständig werden wollen? Wenn Sie nur die Vorstellung haben, dass dann Ihr Leben leichter wird, sollten Sie hier Schluss machen. Unternehmerisch tätig zu sein ist alles andere als leicht.

Wenn Sie hingegen auf kreative Erfüllung, auf Herausforderung, Spaß und auf die Erfahrung aus sind, Ihre Möglichkeiten voll ausschöpfen zu können, ohne den damit verbundenen ungeheuren Berg harter Arbeit zu scheuen, dann lesen Sie weiter.

An dieser Stelle bietet sich Ihnen die gute Gelegenheit, Klarheit in Ihre Gedanken zu bringen und einmal all die Gründe aufzulisten, aus denen Sie ein eigenes Unternehmen aufmachen wollen.

Nehmen Sie sich Zeit zum Nachdenken und seien Sie so ehrlich wie möglich. Wollen Sie anderen Menschen etwas beweisen – vielleicht Ihren Eltern, Ihren Freunden oder Ihrem Partner –, oder ist das Unternehmertum Ihr ureigenes Anliegen? Geht es Ihnen ums Geldverdienen oder um kreative Verwirklichung? Sehnen Sie sich nach Anerkennung oder nur nach Freiheit? Wollen Sie mit Ihrer Geschäftätigkeit etwas für die Gesellschaft tun oder haben Sie einen frühen Ruhestand im Auge? Oder ist Ihr Motiv eine Kombination von alledem?

Überlegen Sie auch, ob Sie wirklich ein eigenes Unternehmen gründen oder einfach nur selbständig tätig sein wollen, etwa als freiberufliche Beraterin. Eins kann durchaus zum anderen führen, wenn Sie wollen. Aber so erkennen Sie, wie Sie am besten anfangen.

Lassen Sie sich Zeit zur Motivationsklärung. Später, wenn Sie entscheiden, welche Art von Unternehmen Sie anvisieren wollen, werden Sie davon profitieren. Wenn Sie zum Beispiel Anerkennung erstreben, werden Sie nichts dagegen haben, eine weithin sichtbare unternehmerische Tätigkeit aufzunehmen. Oder wenn Ihnen nur daran liegt, genug Geld zu verdienen, um früh in den Ruhestand treten zu können, werden Sie vielleicht lieber ein Geschäft eröffnen, das zwar nicht gerade Ihre Leidenschaft ist, Ihnen jedoch hohe Einnahmen garantiert.

Auf meine Umfrage haben mir die meisten erfolgreichen Unternehmerinnen geantwortet, dass sie zwar die finanzielle Unabhängigkeit suchten, Geld und Ruhm aber nicht ihre Hauptmotive waren. Vielmehr ging es ihnen zum einen um ihre kreative Erfüllung und zum andern darum, etwas für die Gesellschaft zu tun.

ÜBUNG
Motivsuche

Es wird Zeit, sich die eigenen Motive klarzumachen. Wollen Sie eine neue Herausforderung für Ihr Leben? Wollen Sie weniger hart arbeiten? Wollen Sie Millionen verdienen? Wollen Sie sich beruflich drastisch verändern? Wollen Sie eine eigene Firma gründen, weil Sie von den konventionellen Unternehmen enttäuscht sind? Machen Sie sich bei der Planung unbedingt Ihre wahren Motive für die Gründung eines künftigen Unternehmens bewusst, welche es auch immer sein mögen.

Ich will ein eigenes Unternehmen gründen, weil …

....

....

....

....

Wie schlägt ein Unternehmen Wurzeln in Ihrem Beet?

Haben Sie nun, nachdem Sie Ihre Motive, Fähigkeiten, Kenntnisse, Stärken, Schwächen und Leidenschaften erforscht haben, eine gewisse Vorstellung davon, wie Sie alles zusammen einsetzen können, um unternehmerisch tätig zu werden?

Ich zum Beispiel war 21 Jahre alt, als ich an meinem Küchentisch mit meiner PR-Agentur anfing. Ich kann mich nicht erinnern, analysiert zu haben, warum ich mich selbständig machen wollte. Ich weiß, dass es mir nicht lag, als Untergebene für andere zu arbeiten. Ich ließ mir höchst ungern vorschreiben, was ich machen sollte, und hatte schon von Kindheit an den natürlichen Drang, zu führen statt zu folgen.

Aus der Rückschau betrachtet bin ich mir jedoch sicher, dass ich mich unbewusst vor meiner Familie beweisen wollte. Meine Mutter war frustriert, weil der Zweite Weltkrieg ihre eigenen Berufspläne, Journalistin zu werden, vereitelt hatte, und so fasste ich dieses Ziel an ihrer Stelle ins Auge. Meine Großmutter mütterlicherseits, die bei uns lebte, war sehr fordernd, und mein Vater, dessen Aufmerksamkeit ich suchte, manisch-depressiv.

Ich hatte nicht viel zu verlieren, wenn ich mich geschäftlich auf eigene Füße stellte. Ich knüpfte gern Verbindungen, liebte die Mode und die Popkultur und habe nach der Schule, die ich mit sechzehn verließ, in der Werbung und bei Jugendmagazinen gearbeitet, wo ich als Praktikantin und Sekretärin journalistisch tätig war.

Irgendwie endete es damit, dass ich zwischen journalistischen Jobs auf einmal in einer PR-Agentur landete und merkte, dass das meine Stärke war. Ich konnte weiterhin schreiben, wie es mir gefiel, und darüber hinaus noch von anderen Teilen meines kreativen Geistes Gebrauch machen, indem ich Events organisierte und mit den unterschiedlichsten Menschen verhandelte. Ich lernte, fundiert zu denken und »proaktiv« statt reaktiv zu handeln.

Nach bloß drei Monaten, die ich für jemand anders gearbeitet hatte, beschloss ich von heute auf morgen, in eigener Regie tätig zu werden. Ich hatte eine Kundin, die Modeschöpferin Katharine Hamnett, die in meinem Alter war und sich ebenfalls gerade selbständig gemacht hatte.

Sie bot mir an, mir wöchentlich, sofern sie es sich leisten konnte, 20 Pfund dafür zu zahlen, dass ich die Werbung für sie machte. Also stellte ich mich, von meiner Familie und meinem Freund ermutigt, auf eigene Füße.

Meine Energie, Begeisterung und Naivität hielten mich über Wasser, bis ich nach etwa

Remember that no-one, not even I, am perfect but I'm doing the best I can.

einem Jahr merkte, dass ich ein Unternehmen hatte und besser schleunigst lernte, wie man ein Unternehmen führt.

Ich habe eine Menge Fehler gemacht, konnte aber aufgrund meiner Zähigkeit und Leidenschaftlichkeit immer überleben, bis sich mein Unternehmen schließlich zu einer Multimillionen-Dollar-Agentur von internationalem Ruf ausgewachsen hat. Das war einmal.

Und hier bin ich jetzt. Als ich fünfzig wurde, zog ich von Großbritannien nach Kalifornien, beschloss, eine neue Kommunikationsfirma namens *Globalfusion* zu gründen, und begann, dieses SEED-Handbuch zu schreiben. Ich nahm mir fest vor, diesmal umsichtiger vorzugehen und alles anders zu machen. Wir leben in anderen Zeiten, und ich wollte bewusster und verantwortlicher sein, ohne dabei meinen Unternehmergeist einzubüßen.

Meine Wertvorstellungen sollten im neuen Unternehmen den vordersten Rang einnehmen, und ich wollte endlich meine Vision verwirklichen. Diesmal hinterfrage ich ständig, warum ich einen zweiten Anfang gemacht habe, und achte darauf, meiner Vision treu zu bleiben. Außerdem bin ich mir jetzt meiner Stärken und Schwächen deutlicher bewusst. Selbst nach so vielen Geschäftsjahren bemühe ich mich immer noch, alte negative Verhaltensmuster abzulegen, die mich in Schwierigkeiten bringen können, zum Beispiel vorschnell Ja zu sagen, statt: »Ich überleg's mir und komme gegebenenfalls darauf zurück.«

61.

Das Gesamtbild

Wie immer die Geschäftstätigkeit, die Sie anvisieren, auch beschaffen sein mag, sie wird nicht Ihr ganzes Leben ausfüllen, sich jedoch in Ihr Leben einfügen müssen. Welche persönlichen Vorstellungen haben Sie, und wie lassen sie sich mit einer unternehmerischen Tätigkeit vereinen? Wie und wo wollen Sie wohnen – in einer Großstadt, in einer Kleinstadt oder auf dem Land? Haben Sie kleine Kinder? Wie viel Zeit möchten Sie ihnen widmen? Erscheint es Ihnen sinnvoll, zu Hause zu arbeiten? Damit Ihr Leben harmonisch verläuft, müssen Sie es als Gesamtkomplex beurteilen und nicht anhand einzelner Abschnitte.

Wenn Sie nach ein paar Jahren Ihr Leben betrachten müssten, wären Sie dann immer noch glücklich mit einem Unternehmen, in dem Sie der gleichen Tätigkeit wie jetzt nachgehen, oder würden Sie lieber etwas vollkommen anderes machen?

<< *Nicht vergessen: Niemand ist vollkommen, nicht einmal ich selbst, aber ich tue mein Bestes.*

ÜBUNG

Wie soll meine Zukunft aussehen?

Wie müsste nach Ihrer Vorstellung von Vollkommenheit Ihr Leben in einem, fünf oder zehn Jahren aussehen? Behalten Sie im Sinn, dass es nie perfekt sein wird, aber denken Sie an all die Komponenten, die Ihr Leben im Idealfall beinhalten sollte, nicht zu vergessen natürlich Ihre Leidenschaften.

Vergessen Sie nicht, dass wir unsere Lebensgeschichte selbst schreiben.

Die Puzzleteile zusammenfügen

Im Laufe dieses Kapitels haben Sie sehr intensiv in Ihrem Innern geforscht und eine Menge Informationen ausgegraben. Nehmen Sie sich die Zeit, die Antworten, die Sie in den Übungen gegeben haben, in den nächsten Tagen noch ein paarmal zu lesen. Arbeiten Sie sie wiederholt durch und bewerten Sie sie neu, um diejenigen herauszufiltern, auf die Sie intuitiv besonders ansprechen. Wählen Sie die Fähigkeiten, Leidenschaften, Stärken und Kenntnisse aus, die Sie unbedingt in Ihr Vorhaben einfließen lassen wollen, und berücksichtigen Sie dabei Ihre Schwächen und Motive. Fügen Sie nun die verschiedenen Komponenten zusammen wie die Teile eines Puzzles, das Ihr perfektes Unternehmen darstellt.

Notieren Sie sich die Begriffe, die Ihnen besonders ins Auge fallen, denn diese werden Sie brauchen, um im nächsten Kapitel den Keim für Ihre Vision zu legen. Sie werden mit der Anlage des Gartens beginnen und zur nächsten SEED-Phase gelangen, in der Sie sich für die Art Ihres zukünftigen Unternehmens entscheiden.

MEDITATION
Fähigkeiten und Leidenschaften erkennen

Jetzt ist es wieder an der Zeit, sich durch tägliche Meditation zu erden. Sie müssen das Universum um die Weisheit bitten, die richtigen Antworten zu finden, durch die die Anlage Ihres Gartens in greifbare Nähe rückt.

Sprechen Sie vor Ihrem Altar oder an Ihrem besonderen Platz in freier Natur das folgende Gebet laut oder im Stillen:

»*Ich danke dem Universum dafür,
dass ich tief in meiner Seele graben durfte,
um die Begabungen, Fähigkeiten und
Leidenschaften zu erkennen, die mir bei der
Anlage meines Gartens dienlich sind.*«

Kapitel

4

Seed Visioning

DIE VISION

Jetzt werden die Eigenschaften und Gefühle aufgezeichnet, die in das Unternehmen einfließen sollen, und im Hinblick auf die Wirklichkeit erforscht.

An diesem Punkt des SEED-Programms steht für Sie vielleicht schon fest, welche Art von Unternehmen Sie beginnen wollen. Oder Sie glauben, eine gewisse Vorstellung davon zu haben, was Sie wollen, sind aber noch nicht ganz sicher. Unter Umständen tappen Sie auch vollkommen im Dunkeln, welche Art von Unternehmen Sie sich wünschen, und wissen nur, dass Sie selbständig arbeiten wollen.

Wie dem auch sei, in diesem Kapitel werden Sie jedenfalls die Gelegenheit erhalten, sich in die Art der Arbeit »einzufühlen«, die Ihnen vorschwebt. So werden Sie entweder darin bestätigt, dass Sie auf dem richtigen Weg sind mit dem, was Sie bereits denken und tun, oder es kommt Ihnen eine völlig neue Berufslaufbahn in den Sinn, die Ihren persönlichen Wertvorstellungen, Leidenschaften und Fähigkeiten erheblich besser entspricht.

Manchmal – aber viel öfter, als wir zu glauben gelernt haben – ist es fruchtbarer, sich intuitiv auf den Weg in die Zukunft »einzufühlen«, statt ihn durch intellektuelle Denkprozesse zu ergründen. Nach der SEED-Methode wird zuerst »vorgefühlt«, und dann werden diese Gefühle logisch und pragmatisch erforscht und analysiert. Zumindest theoretisch sollte es so sein – ich kenne allerdings etliche Unternehmerinnen, mich selbst eingeschlossen, die sich ganz und gar von ihren Emotionen leiten lassen. Aber da ich aufgrund meiner rein emotionalen Entscheidungsfindung auch schwere Zeiten erlebt habe, halte ich es für sicherer, beide Methoden zu vereinen.

Denken Sie also wie beim Planen eines Gartens an all die verschiedenen Pflanzen und Blumen, die Sie haben wollen. Fangen wir damit an, dass wir einige der Eigenschaften näher betrachten, die Sie sich bei Ihrem Unternehmen wünschen. Sich Visionen hinzugeben ist eine einfache, aber effektive Möglichkeit, die Gedanken zu sammeln.

ÜBUNG
Ein Poster der SEED-Visionen
Besorgen Sie sich Plakatkarton im DIN-A2-Format. Darauf kleben Sie heute die Bilder und Begriffe, die das Grundthema Ihres Unternehmens beschreiben, und fügen in den nächsten Wochen noch Entsprechendes hinzu.

Suchen Sie zuerst ein Foto von sich, auf dem Sie glücklich strahlen, und kleben Sie es oben in die Mitte des Kartons. Als Nächstes kleben Sie ein Bild, das unser aller Gärtnervorbild darstellt, den universellen Schöpfer, in die Kartonmitte.

Mich selbst hat das Bild von Ceres, der altgriechischen Göttin der Feldfrüchte, der Saat und der Fülle, bei diesem Projekt inspiriert.

Wenn Sie meinen, dass zu Ihrer Vision auch ein Bild Ihrer Familie gehört, insbesondere, wenn Sie Kinder haben, dann kleben Sie es jetzt auf.

Bevor Sie nun weitermachen, sollten Sie sich fünf bis zehn Minuten der Stille an Ihrem speziellen Platz oder vor Ihrem SEED-Altar gönnen. Bitten Sie den Schöpfer um Anleitung, bitten Sie darum, im Lauf dieser Übung mit Ihren tiefinnersten Gedanken und Träumen in Berührung zu kommen.

Des weiteren brauchen Sie ein paar von den Zeitschriften und Bildern, die Sie beim Großreinemachen nicht weggeworfen haben, weil Sie meinten, sie könnten Ihnen doch eines Tages nützlich sein. Sollten Sie so ordentlich sein, dass Sie gar keine Zeitschriften mehr aufbewahrt haben, müssen Sie wohl ein paar neue kaufen oder sich welche von Angehörigen und Freunden ausleihen; warnen Sie die Besitzer jedoch, dass einige Bilder fehlen werden, wenn Sie sie zurückgeben.

Wenn Sie immer gedacht haben, der Buchhalterzunft anzugehören, insgeheim jedoch leidenschaftlich gern kochen, sollten Sie sich jetzt ein paar schön illustrierte Rezepte und Fotos von Speisen ausschneiden, bei denen Ihnen das Wasser im Mund zusammenläuft.

Wenn Sie immer gern Wohnräume eingerichtet haben, ob in Ihrer Freizeit oder im Beruf, suchen Sie Bilder aus Ihren Lieblingszeitschriften über Architektur oder Innenarchitektur aus. Wenn Tiere Ihre Leidenschaft sind, ist es jetzt Zeit, Bilder Ihrer Lieblingsrassen zusammenzutragen, besonders derer, mit denen Sie gern spielen.

Betrachten Sie diese Übung nicht als Schulaufgabe – überlassen Sie sich Ihrer Intuition, und genießen Sie es, Bilder auszusuchen, die Sie zu einer Tätigkeit anregen, die Sie gern aufnehmen würden. Es macht Spaß, die Lieblingsbilder auszuschneiden und zu einer Collage zusammenzustellen.

Es können Bilder wie »Tautropfen auf Rosen« oder »Die Schnurrhaare der Katze« sein, falls Sie Fotofreak sind, oder Bilder und Rezepte von Ihrer Traum-Obsttorte oder auch das Foto eines verwilderten Gartens voll exotischer Gewächse. Im Grunde alles, was Sie begeistert.

Heute machen wir nur den Anfang. Also keine Panik. Ihre Visionen sind etwas, das weitergeht – lassen Sie sich genügend Raum, um immer wieder Bilder hinzuzufügen, die das symbolisieren, was Sie lieben.

Sie füllen Ihr Poster nicht nur mit Bildern und Symbolen, sondern auch mit Worten. Blättern Sie zum vorigen Kapitel zurück und sehen Sie sich die Listen an, die Sie von Ihren früheren und derzeitigen Leidenschaften, Begabungen und Fähigkeiten gemacht haben.

Bei welchen Begriffen schlägt Ihr Herz höher, welche springen Ihnen sofort ins Auge? Worte wie »Vernetzen«, »Schreiben« oder »Hunde«? Stehen auf Ihrer Liste auch Dinge wie »Einkaufen gehen«, »Geld verdienen«, »im Team arbeiten« und »Telefongespräche führen«?

Vielleicht gehören zu Ihren vorrangigen Fähigkeiten gute Kenntnisse am Computer, in der Finanz- und Zeitplanung. Oder Ihre Leidenschaft ist die Bildhauerei oder das Reiten. Schreiben Sie mit dicken Farbmarkern auf ein Blatt weißes Papier die Worte und Sätze, die Sie im Innersten berühren. Schneiden Sie diese Begriffe aus, und kleben Sie sie auf Ihr Visionsposter. Sobald sie Teil Ihrer Visionen geworden sind, beginnen Sie damit, sich in das Gesamtbild »einzufühlen«.

Würden Sie gern einen Reitstall eröffnen? Dazu brauchen Sie Organisationstalent und müssen pferdelieb sein. Oder wäre Ihre Vision, einen Ökoreisedienst im Internet zu eröffnen? Voraussetzung dafür sind Reiselust, Organisationstalent im Netz und hervorragende Fähigkeiten in der Kostenanalyse. (Die beiden letztgenannten Punkte sind natürlich wichtige Qualitäten bei jeder Unternehmensgründung und gehen oft Hand in Hand.)

Möglicherweise gibt es noch andere Begriffe und Sätze, die gute Gefühle bei Ihnen auslösen, wie »Meeresgischt«, »Weltreisen«, »Blumenduft« oder »spielende Kinder«. Sie alle können der Schlüssel zu einem Geschäftsvorhaben sein. Beschwören Sie die bedeutungsvollsten Begriffe und Bilder herauf und passen Sie sie in Ihr Visionsposter ein.

Stellen Sie, wenn Sie mit dem ersten Durchgang fertig sind, das Poster an einem gut sichtbaren Ort auf, an dem Sie mehrmals am Tag vorbeikommen. Fügen Sie Ihren Geschäftsvisionen, während Sie dieses Buch durcharbeiten, immer wieder Bilder und Worte hinzu.

Falls Sie das Gefühl haben, dass Ihre Vorstellungsbilder zu zahlreich sind, um mit einem Poster auszukommen, legen Sie sich am besten ein dickes Visionsbuch an, in das Sie die Bilder einkleben. Blättern Sie es unbedingt mindestens einmal pro Tag durch.

Vergessen Sie nicht, Worte wie »Partnerschaft« mit aufzunehmen, wenn das Ihre Vorstellungen sind, oder »Zu Hause arbeiten«, und prüfen Sie, ob Ihre diesbezüglichen Gefühle nach einiger Zeit noch die gleichen sind. Folgen Sie Ihrem Instinkt und entfernen Sie alle Bilder oder Begriffe aus Ihrem Poster, die keine Resonanz mehr bei Ihnen auslösen.

Nebenbei bemerkt wirkt diese Visionsmethode, die ich von Denise Linn gelernt habe, ebenso gut im Hinblick auf Beziehungen, einen Umzug oder auch die Ferienplanung.

Jeden Tag Kerzen anzünden und frische Blumen hinstellen. >>

Mehr als eine Möglichkeit ins Auge fassen

Die Liste der Möglichkeiten, wie man Hobbys, Leidenschaften und Fähigkeiten in einem geschäftlichen Unternehmen vereinen kann, lässt sich endlos fortsetzen, wenn Sie Ihrer Fantasie freien Lauf lassen. In unserer vielfältigen, sich ständig verändernden Welt der technischen Neuentwicklungen und der Rückkehr zur Nachhaltigkeit gibt es ein unendliches Potenzial für innovative wie auch traditionelle Unternehmen, für neue Ideen ebenso wie für alte im neuen Gewand.

Warum überlegen Sie nicht mal, an wie vielen Arten von Unternehmungen Sie durchaus interessiert wären für den Fall, dass aus der ersten nichts wird? Wenn Sie zum Beispiel leidenschaftlich gern Kleider schneidern, könnten Sie Modedesign erwägen oder den Verkauf von Schnittmustern an Textilhersteller oder per Post direkt an Privatkunden. Das wäre womöglich weniger risikoreich und würde vielleicht mehr Spaß machen, als Handel oder Privatkunden mit fertiger Kleidung zu beliefern.

Wenn es Ihrer Meinung nach schon zu viele private Kinderbetreuungen in Ihrer Gegend gibt (obwohl im Grunde die wenigsten richtig gut sind!), Sie sich jedoch gern zu Hause mit kleinen Kindern beschäftigen würden, sollten Sie andere Möglichkeiten in Betracht ziehen. Vielleicht ließe sich Ihr Wunsch, mit Kindern zu arbeiten, mit Ihrer Liebe zur Fotografie vereinen – überlegen Sie, ob Sie nicht bei sich zu Hause ein Fotostudio aufmachen und Kinder fotografieren wollen. Sie könnten einen Kurs in klassischer Porträtfotografie belegen, um sich das nötige Rüstzeug anzueignen.

Wie wär's, wenn Sie nebenbei im Sinne des SEED-Manifestes etwas zurückgeben würden, indem Sie ehrenamtlich ein Projekt betreuen? Sie könnten beispielsweise Schulkindern in Ihrem Ort das Fotografieren beibringen als Technik, mit der sie kreativ und heilend auf ihr Leben einwirken können. Sie würden damit Gutes tun und gleichzeitig Ihren Namen bekannt machen.

ÜBUNG

Sich mit kreativer Flexibilität das künftige Unternehmen ausmalen

Stellen Sie noch einmal eine Liste dessen auf, was Sie tun könnten. Dieses Mal wollen wir uns einige der Ideen vornehmen, die Sie in unternehmerischer Hinsicht bereits haben, und einmal betrachten, auf welch unterschiedliche Art und Weise Sie diese umsetzen könnten.

Zum Beispiel: Ich weiß, dass ich mit Tieren arbeiten möchte; im Folgenden einige der Möglichkeiten, die ich mir vorstellen könnte. Zum Beispiel könnte ich . . .

. . . eine Agentur gründen, die sich professionell um das Ausführen von Hunden kümmert . . . ein Zentrum zur Rettung von Tieren aufmachen . . . einen Tierbedarfsladen eröffnen . . . im Internet meine Dienste zur Beschaffung ungewöhnlicher Haustiere anbieten . . . ein Trainingszentrum für Tiere einrichten . . . Ställe zur Verfügung stellen . . . eine gemeinnützige Organisation ins Leben rufen, die sich um die Erhaltung einer beinahe ausgestorbenen Wildkatzenart kümmert . . .

Ich arbeite gern mit . . .

....

....

....

Hier ein paar Möglichkeiten, wie ich das tun könnte:

....

....

....

Ordnen Sie nun Ihre aufgelisteten neuen Geschäftsmöglichkeiten je nach Vorliebe.

Und wie wäre es, wenn wir jetzt einmal vollkommen andere Geschäftsbereiche unter die Lupe nehmen? Vielleicht hatten Sie immer gedacht, Sie würden gern eine Werbeagentur gründen, und merken nun, nachdem Sie eine Zeit lang auf Ihre innere Stimme gelauscht haben, dass eine Kunstgalerie, eine Agentur für talentierte Schriftsteller oder ein Ökorestaurant Sie ebenso reizen könnte.

Auf welche völlig neuen Geschäftsideen sind Sie gekommen, seit Sie dieses Buch lesen?

Ich könnte mir einige der folgenden Geschäftstätigkeiten durchaus vorstellen:

....

....

....

....

....

....

(Ordnen Sie auch diese Liste nach Vorlieben.)

72. Vergleichen Sie Ihre Liste nun mit Ihren Visionen und entscheiden Sie sich für eine Geschäftstätigkeit, die Sie gründlicher erforschen wollen. Natürlich kann es sein, dass Ihnen bei Ihren Nachforschungen eine ganz neue Idee kommt, die Ihnen gefällt. Schauen Sie sich aufmerksam an, was Ihre Forschungen zutage fördern, aber vergessen Sie nicht, Ihren Instinkten zu folgen. Konzentrieren Sie sich auf Ihre Leidenschaften, aber lassen Sie auch Raum für Flexibilität.

Die praktische Recherche

Im Folgenden wollen wir zum Linkshirnmodus überwechseln, der eher linearen Denkweise, der sogenannten männlichen Art, die Dinge zu betrachten. Wir werden jetzt die Wirklichkeit dessen, was in der Außenwelt abläuft, erforschen und schauen, ob sie mit unseren Visionen in Einklang zu bringen ist. Das dürfte seine Zeit dauern, wenn Sie noch voll im Berufsleben stehen, sollte jedoch so gründlich wie möglich geschehen.

Die eigenen Begabungen erkennen und alles Übrige an andere delegieren. >>

Fakten und Daten zu sammeln und zu analysieren ist etwas ganz anderes als das »einfühlsame«, intuitive Nach-innen-Lauschen, bei dem die rechte Gehirnhälfte aktiviert ist, unsere weibliche Seite. In dieser Phase unserer Visionsklärung bedienen wir uns des Internets, der regionalen Presse, der Fachorganisationen und -veröffentlichungen und der Bibliothek, um mehr über die Art des Geschäftsunternehmens in Erfahrung zu bringen, das wir vorhaben.

Hier ein paar Einführungspunkte als Starthilfe für Ihre praktische Recherche:

- Lesen Sie, falls Sie es noch nicht tun, fortan täglich den Wirtschaftsteil einer regionalen und überregionalen Zeitung. Richten Sie Ihr Augenmerk auf regionale und überregionale Trends sowie auf Artikel über neue Unternehmen und Organisationen, und achten Sie auf alles, was irgendeinen Bezug zu Ihrem anvisierten Geschäftsbereich hat.
- Nehmen Sie Kontakt zu einer hilfreichen Bibliothekarin auf (in der besten öffentlichen Bibliothek in Ihrer Gegend!) und erkundigen Sie sich, wo sich die Zeitschriften und Fachveröffentlichungen befinden, die etwas mit Ihrem künftigen Unternehmen zu tun haben.
- Bitten Sie einen befreundeten Internetfreak, einen Abend lang mit Ihnen zusammen zu surfen, um die relevantesten, informativsten Websites zu finden. Wenn Sie nicht schon selber ein erfahrener Surfer sind, sollten Sie den Freund oder die Freundin bitten, Ihnen die nötigen Tipps zu geben, damit Sie das nächste Mal allein zurechtkommen. (Mehr zum Internet folgt gleich.)
- Sprechen Sie mit FreundInnen, FreundInnen von FreundInnen und Bekannten – mit allen, die gegenwärtig in dem von Ihnen anvisierten Geschäftsbereich tätig sind. Fragen Sie sie, wie sie angefangen haben, auf welche Kenntnisse und Erfahrungen (und Mittel) sie beim Start zurückgreifen konnten, welche Schwierigkeiten sie zu überwinden hatten und warum sie das, was sie tun, so lieben.

Sie können sicherlich eine Menge aus den unternehmerischen Erfahrungen anderer lernen. Betrachten Sie diese als Teil Ihrer Recherche. Einmal angenommen, sie hätten sich immer gewünscht, ein Einzelhandelsgeschäft zu führen, und wären bei der Erforschung Ihrer Leidenschaften darauf gestoßen, dass Sie gerne Öko-Badezimmer- und Schlafzimmereinrichtungen verkaufen würden. Sie wollen wie Kathy Tissons, die Gründerin des New Yorker Geschäfts für Öko-Bäder und -Betten *Terre Verde,* eine »Öko-Unternehmerin« sein. Reden Sie mit jemandem, der ein solches Geschäft führt, und fragen Sie sich dann, ob es Ihnen wirklich Spaß machen würde, den ganzen Tag in einem Laden zu stehen, freundlich mit

Kunden umzugehen, Personal auszubilden, über die Lagerbestände Buch zu führen und die Versendung Ihrer Waren zu überwachen?

Es gibt viele ungeahnte Einflüsse von außen, die sich auf Ihr Unternehmen auswirken können – Rezessionen oder steigende Immobilienpreise in neuen Trendvierteln wie etwa im New Yorker Soho, wo Kathy ihr schönes Geschäft hat. Aber es gibt auch viele unvorhersehbare positive Einflüsse –Sie müssen einfach wachsam bleiben und Ihre Antennen auf Empfang halten.

Das SEED-Handbuch bietet Ihnen die Möglichkeit, der selbständigen Geschäftstätigkeit, die Sie ins Auge gefasst haben, eine andere Richtung zu geben, ehe es zu spät ist. Indem Sie frühzeitig Fakten über Ihren geplanten Geschäftsbereich zusammentragen, erkennen Sie selber, welche Ihrer Ideen lebensfähig sind.

Jetzt ist es Zeit, festzustellen, welche Chancen die Art von Unternehmen, die sie sich ausgewählt haben, auf dem Markt hat. Bleiben Sie während Ihrer Erkundigungen fest in der Wirklichkeit verwurzelt, ohne Ihren Enthusiasmus und Ihr Selbstvertrauen zu verlieren.

Das Surfen im Internet lernen

Das Internet ist eindeutig das beste Medium zum Recherchieren, da es die umfassendsten Informationen bietet. Selbst wenn Sie noch keinen eigenen, mit entsprechendem Modem ausgestatteten Computer besitzen, können Sie doch an Ihrem derzeitigen Arbeitsplatz, in einer öffentlichen Bibliothek oder auch in einem Internetcafé das Internet erforschen.

Vielleicht fragen Sie sich, warum dieser Abschnitt mit Surfen im Internet »lernen« betitelt ist. Aber für viele von uns, mich selbst einbegriffen, ist das Internet noch immer ein Rätsel, das nur technologiefreudige Linkshirnlastige und Jugendliche unter achtzehn Jahren verstehen.

Ich dachte mir, eine kurze Erläuterung, wie Sie mit Hilfe der neuen Technologie Nachforschungen über Ihr auserwähltes Geschäftsvorhaben anstellen, könnte uns allen von Nutzen sein. Ich selbst bin erst in den letzten Jahren einigermaßen computerfit geworden, nachdem ich jahrelang ein Unternehmen mit fünfzig Angestellten geleitet hatte, in dem ich die einzige war, die keine Ahnung hatte, wie die Geräte in unseren Büros einschließlich der Computer zu benutzen waren.

Inzwischen schreibe ich zwar meine Artikel und Bücher auf einem Computer und beantworte und versende täglich E-Mails, aber wenn ich vor der relativ einfachen Aufgabe stehe, etwas im Internet zu suchen, streikt mein Hirn. Während der Arbeit an diesem Buch habe

ich mich an einen Zwölf- und einen Vierzehnjährigen aus meiner Familie sowie an ein paar KollegInnen gewandt, und dies ist dabei herausgekommen.

Um per Internet Nachforschungen über irgendeinen Gegenstand anzustellen, müssen Sie natürlich zunächst einmal online sein. Sie brauchen also ein entsprechendes Modem, das Ihren Computer über die Telefonleitung mit einem Internet-Service-Provider wie T-Online, Compuserve oder AOL verbindet. Diese Dienste sind leicht in Wirtschaftsmagazinen, Computerzeitschriften oder im Telefonbuch zu finden. Sie melden sich bei einem Provider an, der finanziell und technisch am ehesten in Frage kommt, bezahlen Ihre Gebühren und erhalten per Post die entsprechende Software für Ihren PC. Die verschiedenen Computer nebst Software arbeiten mit unterschiedlichen Tasten, Funktionen und Symbolen – Sie müssen sich folglich von jemandem zeigen lassen, was Sie »anklicken« müssen, ein sehr einfache Sache, wenn Sie sich nicht ohnehin schon auskennen.

Um beim Informationensammeln keine Zeit zu verschwenden, können Sie sich einer sogenannten »Suchmaschine« bedienen, die Ihnen das Aufspüren der Information, an der Sie interessiert sind, erleichtert. Sie können technisch versiertere Freunde bitten, Ihnen die Suchmaschine zu empfehlen, die für Ihre Zwecke am besten geeignet ist, oder die Anzeigen in Computerzeitschriften durchsehen.

Die Suchmaschine hilft dabei, die gewaltigen Informationsmengen im Netz auszusieben, und je genauer Sie angeben können, wonach Sie suchen, umso spezifischere Informationen erhalten Sie. Yahoo.de, lycos.com und fireball.de sind Beispiele von Suchmaschinen, die Ihnen wahrscheinlich bei einer allgemeinen Suche von Nutzen sein werden.

Die Suchmaschinen können Ihnen Berge von Informationen liefern. Tippen Sie die Sparten ein, an denen Sie interessiert sind, oder benutzen Sie die Suchfunktion und tippen Sie ein Wort ein, das einen Bezug zu Ihrem Gegenstand hat, und schon erscheint ein Themenkatalog. Websites sind durch Links miteinander verknüpft, sodass Sie von einer Website aus zu anderen surfen können, um weitere Informationen einzuholen.

Die meisten Fachorganisationen und -publikationen verfügen heutzutage über eigene Websites, und jeder Gewerbezweig hat mittlerweile seine Site im Internet, in die man sich »einloggen« kann. Es gibt sowohl spezielle Organisationen, in denen nur Unternehmerinnen vertreten sind, als auch verschiedene Netzwerke von Kleinunternehmen. Sie sind leicht zu finden im Internet und können eine enorme Hilfe sein – einige sind im Anhang dieses Buches aufgeführt. Ferner sind dort nach Ländern geordnete Unternehmerinnenverbände aufgeführt, die unter Umständen wichtige Informationen liefern können.

<< *Sein Handwerk verstehen.*

Die Handelskammern und örtlichen Fachverbände sind ebenfalls oft per Internet zugänglich, sie sind in nahezu jeder Stadt der Welt zu finden und können von ungeheurem Nutzen sein. Außerdem geben viele staatliche Stellen im Internet über Kleinunternehmer- und Außenhandelsverbände Auskunft und können Ihnen mit Informationen in dem Bereich weiterhelfen, in dem Sie tätig werden wollen.

Es gibt auch einige sehr gute Bücher über Unternehmerinnen mit Fallgeschichten und Ratschlägen, die Ihnen bei der Unternehmensplanung nützlich sein können, in der Mehrzahl auf Englisch. Sie können dank der modernen Technik per Internet überall auf der Erde bestellt werden, zum Beispiel bei amazon.de, amazon.com oder barnesandnoble.com, falls Ihr Buchladen sie nicht beschaffen kann. Ich habe einige der besten gelesen, und meine Empfehlungen finden Sie im Anhang des Buches.

Erkundigungen von Mensch zu Mensch

Vergessen Sie nicht, wenn Sie Informationen über den von Ihnen anvisierten Unternehmensbereich einholen wollen, dass einer der direktesten Wege zur Information das persönliche Gespräch mit anderen Leuten ist. Sollten Sie auf einer Party, beim Elternsprechtag oder auch am Strand zufällig mit jemandem ins Gespräch kommen, der in dem Bereich tätig ist, den auch Sie für attraktiv halten, dann fragen Sie ihn oder sie, ob es sich um einen gesunden und wachsenden Wirtschaftszweig handelt. Fragen Sie die Betreffenden nach ihren bisherigen Erfahrungen und nach etwaigen Empfehlungen.

Finden Sie außerdem heraus, ob Tagungen oder Seminare über das von Ihnen gewählte Gewerbe abgehalten werden, und nehmen Sie möglichst daran teil. Sprechen Sie mit möglichst vielen Leuten und recherchieren Sie gründlich – oder fragen Sie, ob Sie Ihre GesprächspartnerInnen zum Essen einladen dürfen, um mehr über deren Geschäftsbereich zu erfahren.

Den Ort auswählen

Wenn Sie kein virtuelles, sondern ein Unternehmen mit realer Adresse gründen wollen, müssen Sie unbedingt ausfindig machen, wie gut sich ein bestimmter Ort für das eignet, was Sie im Sinn haben. Ob Sie nun an einen Friseursalon, einen Bioladen, ein Blumengeschäft oder eine Buchhandlung denken, Sie müssen sich stets vor Augen halten, dass der Erfolg von der alten Einzelhändlermaxime »Lage, Lage und nochmals Lage« abhängt. Fußgängerverkehr, Parkmöglichkeiten, die sozio-ökonomische Prägung der Anwohner, die Konkurrenten in der betreffenden Gegend: all das muss ausgekundschaftet werden.

Ihre Auswahl eines bestimmten Ladenlokals wird zu Beginn Ihrer Suche von verschiedenen Aspekten beeinflusst werden – ob sich die Räume in der Nähe Ihrer Wohnung befinden, ob die Miete günstig ist, ob sie einem Freund oder einer Freundin gehören oder ob vorher schon einmal ein ähnliches Geschäft dort war. Aus welchen Gründen auch immer, nehmen Sie sich auf jeden Fall Zeit für die die praktische Prüfung, ob das Objekt für Sie in Frage kommt, indem Sie immer wieder an verschiedenen Tagen der Woche und zu verschiedenen Tageszeiten dort vorbeischauen, um sich mit eigenen Augen zu vergewissern, was dort los ist.

Als zum Beispiel mein Ex-Mann Anfang der siebziger Jahre in London ein Herrenmodengeschäft eröffnete, mietete er sehr preiswerte Ladenräume am falschen Ende einer eleganten Straße. Ihm war zwar bewusst, dass der Laden in der Nähe des Sportplatzes eines sehr beliebten Fußballclubs lag, aber er hatte nicht bedacht, dass an den meisten Samstagnachmittagen im Herbst und Winter Tausende von Fußballfans an seinen Schaufenstern vorbeieilen würden, die einkaufswilligen Kunden den Eintritt unmöglich machten.

Ihm war auch bald klar, dass es an seinem Ende der Straße außer den Fußballfans kaum Fußgänger gab. Als Pluspunkt konnte er verbuchen, dass der richtige Typ von modebewussten Yuppies in der näheren Umgebung wohnte. Er hatte großes Glück. Durch den intensiven Einsatz meiner PR-Agentur konnten wir seine Designermode für Herren in allen Zeitungen und Zeitschriften bewerben.

Die Kunden, darunter viele berühmte Rockstars und Schauspieler, suchten schließlich ebendiesen Laden auf, wo sie ohne Mühe parken konnten, und verbrachten an den Wochentagen Stunden in dem winzigen Raum, um ihre Garderobe zu kaufen oder zu bestellen. Ein paar Jahre lang lief es sehr gut, aber trotzdem zogen wir gemeinsam in das damals gerade im Trend liegende Viertel am Covent Garden um, sobald wir es uns leisten konnten.

Es dürfte nicht allzu häufig vorkommen, dass jemand von Ihnen zufällig eine Werbeagentur in der Familie hat, deswegen werden die besten Möglichkeiten, den Markt auf sich aufmerksam zu machen, noch an späterer Stelle in diesem Buch besprochen. Stellen Sie Einzelhändlern in der Nachbarschaft, Immobilienmaklern und anderen, die in dem betreffenden Viertel leben, jede Menge Fragen zur Lage der Räume, die Sie ins Auge gefasst haben. In diesem Punkt werden Ihnen auch die Lokalpresse und Ihre Handelskammer weiterhelfen können.

Die Regeln lernen, um dann ein paar zu brechen. >>

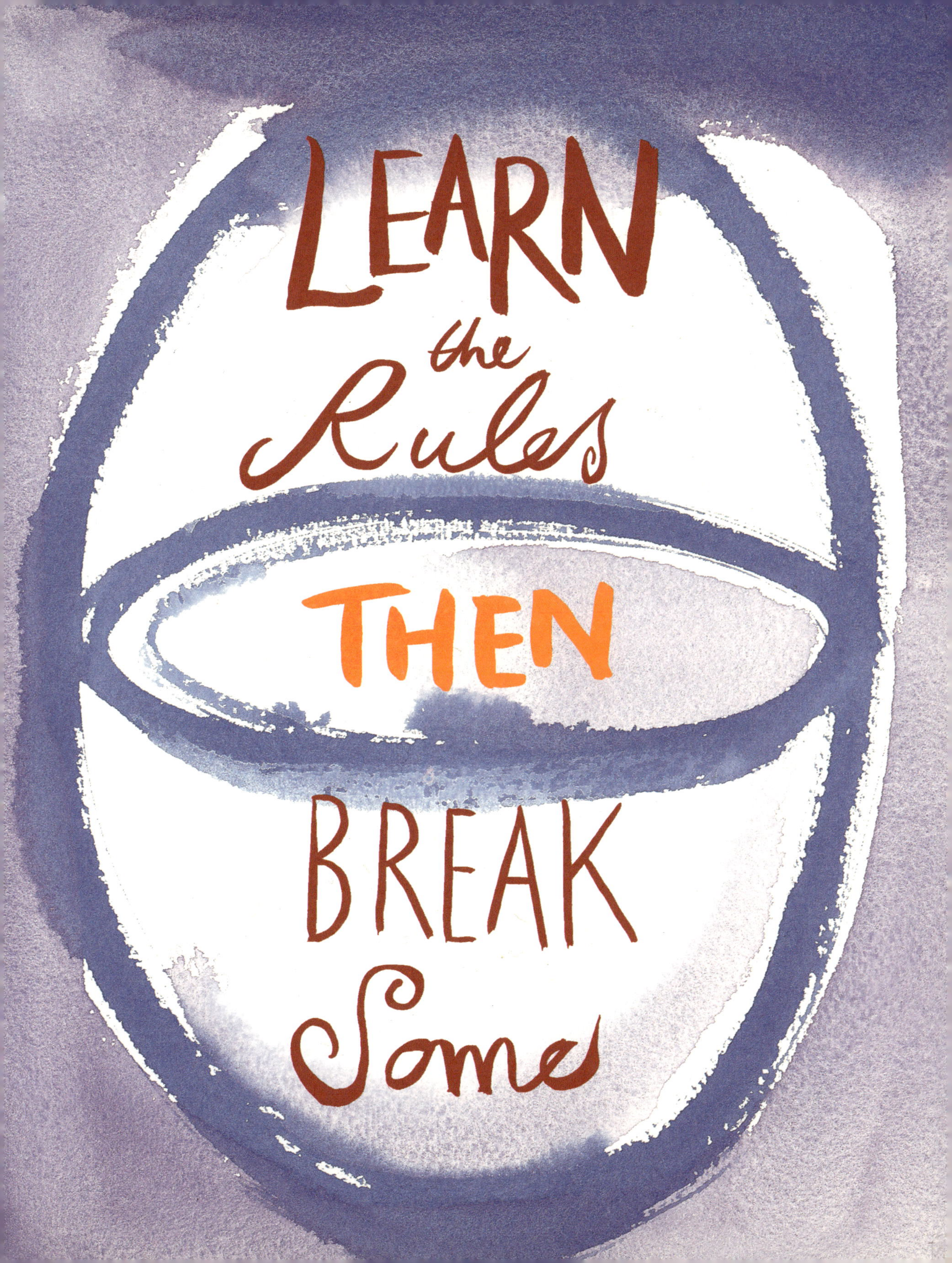
LEARN
the
Rules
THEN
BREAK
Some

Die Informationen ordnen

Sobald Sie begonnen haben, einschlägige Geschäftsinformationen zu sammeln, sollten Sie Ordner mit verschiedenen Aufschriften anlegen wie »Ort und Lage«, »Verkauf und Marketing«, »Finanzierung«, »Design«, »Büroausstattung« oder »Tagungen«. Legen Sie Ausschnitte aus Wirtschaftsmagazinen und Zeitungen sowie anderes relevantes Material – etwa die Notizen von Ihren persönlichen Gesprächen – in diesen Ordnern ab. Bitten Sie Freunde und Familienangehörige, auf Artikel zu achten, die etwas mit dem von Ihnen geplanten Unternehmen zu tun haben; auf diese Weise sammeln Sie allmählich wertvolle Informationen. Lassen Sie sich auch in die Mailingliste für Bezieher von Infobriefen aufnehmen, die an Leute in dem Geschäftsbereich versandt werden, dem Ihr Interesse gilt – und bewahren Sie diese Infobriefe an einem gut erreichbaren Platz auf.

Wenn Sie genügend versiert sind, können Sie sich auch ein Odnersystem im Computer einrichten. Bitten Sie, falls Sie dazu nicht in der Lage sind, einen Jugendlichen aus Ihrer Familie oder einen anderen Computerexperten um Hilfe. Bewahren Sie die Informationen und Tipps, die Sie beim Surfen im Internet gefunden haben, in Ihren PC-Ordnern auf – oder drucken Sie sie aus und legen Sie sie in Ihren Geschäftsordnern ab.

82.

Praktische Erfahrungen sammeln

Am besten lernt man durch praktische Erfahrungen. Wenn Sie vorhaben, die gleiche Art von Unternehmen aufzumachen wie das, in dem Sie einmal als Angestellte gearbeitet haben, brauchen Sie nicht so viel nachzuforschen. Aber wenn Ihnen der Sinn nach einem für Sie völlig neuen Berufszweig steht, würden Sie auf jeden Fall von praktischen Erfahrungen in diesem Tätigkeitsbereich profitieren. Wenn Sie zum Beispiel an eine Catering-Firma denken, sollten Sie ein paar Monate lang eine Stelle bei einem solchen Dienstleistungsbetrieb annehmen. Lernen Sie die professionelle Küche kennen und finden Sie heraus, wo und wie Sie die besten Lebensmittel zum günstigsten Preis bekommen.

Wenn Sie aus innerster Überzeugung eine gemeinnützige Organisation mit sozialer Zielsetzung gründen wollen, dann sollten Sie ehrenamtlich bei einer, die Ihnen zusagt, aushelfen – in dem Bewusstsein, dass auch gemeinnützige Organisationen unternehmerisches Know-how erfordern, um erfolgreich zu bestehen. Lernen Sie während Ihres Volontariats, so viel Sie können, über die vielen komplizierten Bestimmungen und Vorschriften, die diesen Wirtschaftszweig beherrschen. Dabei leisten Sie gleichzeitig schon einen wertvollen Beitrag, indem Sie der Organisation Ihre Zeit und Energie zur Verfügung stellen.

Den Keim der Vision legen

In diesem Teil des SEED-Programms haben wir eingesehen, wie wichtig es ist, uns ein Bild von dem zu machen, was wir wirklich tun wollen, und Informationen über das Vorhaben zu sammeln. Wie ein guter Gärtner müssen Sie erst die Beschaffenheit des Bodens, die Wetter- und Lichtverhältnisse kennen, ehe Sie Ihre jeweilige Blumensorte einpflanzen.

Jetzt ist die Zeit gekommen, den Schöpfer um Klarheit darüber zu bitten, wie Sie den Keim zu Ihrer Vision legen sollen, um den größten Ertrag zu erhalten.

Begeben Sie sich an Ihren Meditationsplatz und bekräftigen Sie auf Ihre eigene Art den folgenden Gedanken, indem Sie ihn mindestens einmal laut aufsagen:

»Danke für all das wertvolle Wissen, das sich aus dem Universum in mich ergießt. Ich versichere, dass ich einsichtigen, weisen Gebrauch davon machen werde, um den vollkommenen Garten meiner Wahl zu schaffen.«

Kapitel 5

DER DÜNGER

Jetzt steuern Sie auf Ihr Unternehmenskonzept zu und prüfen es im Hinblick auf Nachhaltigkeit, Werte und ethische Normen.

Adding
the
Nutrients

Die Einbeziehung der persönlichen Werte und ethischen Normen ist ein ebenso wichtiger Dünger für die Unternehmensplanung wie die Berücksichtigung der eigenen Fähigkeiten und Leidenschaften. Wissen Sie, welche Werte für Sie Vorrang haben und wie sie sich in Ihr Vorhaben einfügen lassen? Und was bedeutet Ihnen das Wort »Nachhaltigkeit«?

Die Antworten hierauf sind genauso wichtig wie alle anderen Daten, die Sie gesammelt haben. In diesem Kapitel werden wir uns auf die sozialen und ethischen Aspekte Ihres Traumunternehmens konzentrieren.

Beginnen wir mit dem Wort »nachhaltig«, was laut Duden »sich auf längere Zeit stark auswirkend« heißt und mit »Erhalt bzw. Sicherung des weiteren Bestehens« zu tun hat.

Der oft zitierte Begriff der Nachhaltigkeit ist seit der Bewusstseinswende der neunziger Jahre nicht mehr aus dem Umweltvokabular wegzudenken. Er steht heute für ökologisch einwandfreies, umwelt- und sozialverträgliches Wirtschaften und Leben – und stellt damit hohe Anforderungen an uns gewöhnliche Sterbliche.

Es geht darum, nicht mehr Ressourcen zu verbrauchen als neue entstehen, und das kann ich praktisch wie metaphorisch am besten am Bild eines organisch bestellten, nachhaltigen Gartens beschreiben, der die natürlichen Rohstoffe verbraucht und wieder ersetzt.

Der Punkt ist der, dass in einem Garten nichts Natürliches umkommt. Abgestorbene Blumen düngen die Erde ebenso wie welke Blätter, sodass neues Wachstum möglich ist. Die Tiere, die Vögel und Insekten, die im Garten leben, sind gleichfalls Teile dieses Kreislaufs. Sie ernähren sich vom Garten, helfen bei der Bestäubung der Blumen, lassen die Samen dort fallen, wo sie gut gedeihen können, und reichern die Erde durch ihre Ausscheidungen mit Nährstoffen an.

Die übrige Natur tut ebenfalls ihren Teil dazu: Sonnenstrahlen wärmen die sprießenden Pflanzen, und Regenwasser nährt sie. Zudem halten sich viele Gärtner, die organisch-biologisch wirtschaften, an den Mondkalender und säen im Rhythmus der Mondzyklen, um das gesunde Wachstum der Pflanzen zu fördern.

Natürlich können sich auch hungrige kleine Geschöpfe, die unsere Sämlinge auffressen, und schlechte Wetterverhältnisse negativ auf den Garten auswirken – ebenso wie äußere Einflüsse allen guten Vorsätzen zum Trotz auf ein Unternehmen einwirken. Wir müssen akzeptieren, dass Natur und Geschäft eigene Wege gehen, und daraus lernen, um in Zukunft auf ähnliche Situationen vorbereitet zu sein.

Die Definition von geschäftlicher Nachhaltigkeit

Im Rahmen des SEED-Programms bedeutet Nachhaltigkeit eine wertorientierte Unternehmenspraxis, bei der Sie so weit, wie es praktisch möglich ist, in Ihrer speziellen Unternehmensstruktur Umweltverantwortlichkeit walten lassen; Menschenrechte und soziale Belange werden im vollen Umfang berücksichtigt, und es ist Ihr Ziel, anderen wohl zu tun und beizustehen. Aber niemand ist vollkommen – ich selbst sicherlich nicht –, und im Geschäft ist es besonders schwer, es zu werden und zu sein.

Bei der Nachhaltigkeitsbewegung geht es darum, dass »weniger mehr ist«, um »freiwillige Selbstbeschränkung«. Aber sehen wir den Tatsachen ins Auge: Wer im Geschäft bleiben will, muss Geld verdienen, und um Geld zu verdienen, müssen Sie Ihre Produkte oder Dienstleistungen innerhalb der Wirtschaftswelt verkaufen.

E. F. Schumachers 1973 erschienenes Buch *Small is beautiful* ist einer der stärksten Einflüsse auf das Denken der Anführer dieser Bewegung. Immer mehr Güter herzustellen, damit die Leute ihr Geld dafür ausgeben können, ist genau genommen keineswegs »nachhaltig«. Schumacher sah den Schlüssel in der richtigen Wahl von Gütern und Technologien, die Material und Energie einsparen.

Können Kapitalismus und Nachhaltigkeit eine Partnerschaft eingehen?

Ich habe in den letzten sieben Jahren viel Zeit damit zugebracht, zu hinterfragen, wie realistisch die Gründung eines nachhaltigen Geschäftsunternehmens ist, sowohl im Hinblick auf meinen eigenen Bereich der Kommunikation und Öffentlichkeitsarbeit wie auch im Kontext dieses Buches.

Immerhin bin ich in der glücklichen Lage gewesen, immer wieder von einigen der anerkanntesten Experten der Welt etwas über Nachhaltigkeit und ein Umdenken in der Unternehmenskultur des 21. Jahrhunderts zu hören oder zu lesen. Im Anhang habe ich ein paar der besten Bücher zu diesem Thema angeführt, außerdem habe ich habe einige der Experten gebeten, Ihnen, den Jungunternehmerinnen, als Planungshilfe für ein nachhaltig wirtschaftendes Unternehmen ein paar generelle Tipps zu geben.

Hazel Henderson, eine der führenden Wirtschafts- und Zukunftsforscherinnen, ist seit langem eine meiner Mentorinnen und hat das Vorwort zu diesem Buch geschrieben. Nach ihrer Meinung ist ein nachhaltig wirtschaftendes Unternehmen eins, das Güter und Dienstleistungen produziert, die echte persönliche und spirituelle Bedürfnisse befriedigen, und gleichzeitig die natürlichen Ressourcen schont oder gar aktiven Umweltschutz leistet.

Dazu gehören Geschäftsaktivitäten, die der persönlichen Entwicklung, einer bewussteren Ernährung und Lebenshaltung, befriedigenderen zwischenmenschlichen Beziehungen, einer gesünderen Umwelt, einem engeren Gemeinschaftsleben und einer insgesamt höheren Lebensqualität dienen.

Jonathon Porritt gilt als einer der herausragendsten Befürworter von Nachhaltigkeit und Umweltverträglichkeit in Großbritannien und berät durch ein Zukunftsforum (»Forum for the Future«), dessen Mitbegründer er ist, Regierungsstellen, Wirtschaftsunternehmen und Bildungseinrichtungen in Sachen Nachhaltigkeit.

Jonathon ist ein Meister der Vernetzung und bringt Leute des öffentlichen Lebens aus den Kommunen und Ländern, Wirtschaftsbosse und individuelle Aktivisten an einen Tisch. Er hat mir gesagt: »Ohne wirkliche Liebe und Hochachtung für den Geschäftsorganismus, den man zur Welt bringen will, sollte man wirklich kein Unternehmen gründen.«

Anita Roddick ist in der ganzen Welt als Begründerin der »Body Shops« bekannt, einer internationalen Kette von Kosmetikläden, deren Geschäftspolitik stets vorrangig auf den Schutz von Mensch und Umwelt ausgerichtet war.

Anita sagte mir, eine nachhaltige Geschäftspraxis bedeute vielerlei für sie. »Sie bedeutet, unser Umweltverhalten zu überprüfen. Sie bedeutet, vor der eigenen Tür zu fegen. Sie bedeutet, alles nur Erdenkliche zu tun, um Umweltschäden zu verringern. Das wird erreicht durch Revidieren, Maßhalten, Verantwortungsbewusstsein und Transparenz, durch Unterstützung der Betriebe vor Ort, insbesondere der Bauern überall auf der Welt. Und sie bedeutet, den Arbeitsplatz nicht nur zu einer Produktionsstätte für Absatzgüter zu machen, sondern auch zu einem Ort, der den menschlichen Geist zur Produktivität anregt.«

Gunter Pauli, Begründer von »Ecover«, einer Firma für umweltfreundliche Reinigungsprodukte mit Sitz in Belgien, hat mir seine Ansichten zu einer nachhaltigen Geschäftspraxis in einer E-Mail mitgeteilt, als er während seines unablässigen Feldzuges zugunsten lokaler, nachhaltig wirtschaftender Kleinunternehmen in Dritte-Welt-Ländern einmal kurz zu Hause war.

Werte wie Integrität, Mitgefühl und Liebe in den Mittelpunkt >>
des Unternehmens stellen.

Put my values

INTEGRITY
Compassion
and LOVE

at the center of my enterprise

»Alles, alles, was lebt, produziert Abfall. Aber das ist nicht das Problem. Nichts damit anzufangen ist das Problem. Man kann nicht erwarten, dass die Erde noch mehr hervorbringt, sondern muss mehr mit dem anfangen, was sie bereits hervorbringt.«

Und er fügte hinzu: »Nach Jahrzehnten der Wiederverwertung, der Abfallreduktion und des Wertstoffrecyclings wissen wir, dass es nicht genügt. Wir müssen die Natur nachahmen, wo das, was für den einen Abfall ist, für den anderen Nahrung ist. Nichts wird dabei vergeudet.«

Das Ehepaar Hunter und Amory Lovins, hochgeschätzte Autoritäten auf dem Gebiet der Nachhaltigkeit, ein Thema, das sie lange in ihrem »Rocky Mountain Institute«, einem Zentrum für Ressourcen-Design in Colorado, USA, erforscht haben, schickten mir ein paar Ratschläge für das Buch.

Sie haben gerade gemeinsam mit Paul Hawken, dem Autor des Bestsellers *Kollaps oder Kreislaufwirtschaft* ein neues Buch mit dem Titel *Öko-Kapitalismus* verfasst, das seit seinem Erscheinen im Frühjahr 2000 in Kreisen nachhaltig wirtschaftender Betriebe auf großes Interesse stößt.

Hunter und Amory Lovins erklärten mir, dass der »Öko-Kapitalismus« von folgenden Grundprinzpien ausgeht:

- radikal gesteigerter Ressourceneffizienz,

- Abkehr vom Müllkonzept durch Umgestaltung der Wirtschaft, nach biologischen Kriterien, durch die der Kreislauf des Materialstroms geschlossen wird,

- einem Strukturwandel der Wirtschaft weg von der Konzentration auf die Produktion von Stoffen und Gütern hin zur Schaffung von Dienstleistungen und »Flow«,

- Umkehr der derzeit weltweit fortschreitenden Zerstörung durch Wiederherstellungsprogramme, die in natürliches Kapital investieren.

Paul Hawken hat durch sein 1993 erschienenes Buch *Kollaps oder Kreislaufwirtschaft* viele Unternehmer mit visionärer Weitsicht zum Umdenken veranlasst. Darin argumentiert er, dass »die Wirtschaftsunternehmen als vorherrschende Institutionen auf diesem Planeten unbedingt den Sozial- und Umweltproblemen ins Auge sehen müssen, von denen die Menschheit betroffen ist«.

Paul hat acht Prinzipien aufgeführt, die sich ein Unternehmen zu eigen machen muss, bevor es »nachhaltig« genannt werden kann:

1. Reduktion des Gesamtverbrauchs von Energie und natürlichen Rohstoffen in den Industrieländern innerhalb von 40 bis 60 Jahren um 80 Prozent.

2. Schaffung von sicheren, stabilen, sinnvollen Arbeitsplätzen für Menschen überall auf der Erde.

3. Selbstverantwortlichkeit statt Regulierung, Kontrolle, Auflagen oder Moralvorschriften.

4. Würdigung der menschlichen Natur ebenso wie der Marktprinzipien.

5. Einsicht, dass eine Welt der Nachhaltigkeit wünschenswerter ist als unsere heutige Lebensweise.

6. Erweiterung der Nachhaltigkeit durch Wiederherstellung der biologisch optimalen Form derzeit geschädigter Habitate und Ökosysteme.

7. Nutzung der Sonnenenergie.

8. Streben nach Freude, Güte und ästhetischen Werten.

Diese Prinzipien erscheinen weit hergeholt angesichts des kleinen Unternehmens, das Sie gründen wollen. Aber ich habe bemerkt, dass ich mit dem größeren, globalen Bild einer positiven Zukunft vor Augen die Möglichkeiten klarer sehe, wie ich im bescheidenen Rahmen mein eigenes Unternehmen den Grundsätzen der Nachhaltigkeit am besten anpassen kann.

Die Prinzipien nachhaltigen Wirtschaftens in die Praxis umzusetzen ist nicht immer leicht für Jungunternehmerinnen. Doch wenn Sie solche Prinzipien von Anfang an in Ihre Unternehmensplanung integrieren, werden sie Ihnen im Laufe Ihrer Entwicklung immer leichter fallen.

Zehn SEED-Tipps für ein nachhaltig wirtschaftendes Unternehmen

Tag für Tag werden sich viele einfache Möglichkeiten auftun, wie Sie Umweltbewusstsein und Sozialverantwortlichkeit in Ihr Unternehmen einfließen lassen können.

Ich habe nur ein paar praktische Vorschläge zur Nachhaltigkeit aufgelistet, die Sie im Anfangsstadium Ihres Unternehmens beherzigen könnten, und ich bin sicher, Sie kommen selbst noch auf die unterschiedlichsten Ideen.

1. Benutzen Sie Recyclingpapier oder holzfreies Papier (z. B. Hanfpapier) für Ihren Bürobedarf oder verpflichten Sie sich dazu, die Wiederaufforstung der Ihrem Papierverbrauch entsprechenden Anzahl von Bäumen jährlich zu finanzieren, wie wir es bei diesem Buch tun.

2. Stellen Sie sicher, dass weder Sie selbst noch eine Ihrer Zulieferfirmen Arbeitskräfte ausbeutet.

3. Gehen Sie sparsam mit Energie um – sowohl in Ihren Arbeitsräumen wie beim Transport und Verkehr.

4. Vergewissern Sie sich, dass Ihre Bank nicht in korrupte Regierungen von Dritte-Welt-Ländern oder in Wirtschaftszweige investiert, die umweltschädlich sind.

5. Widmen Sie einen Teil Ihrer Zeit und Ihres Gewinns gemeinnützigen Zwecken.

6. Betrachten Sie Ihr Unternehmen als biologischen Organismus, in dem sogar der Abfall eine Verwendung finden kann. Recyceln Sie!

7. Tragen Sie dazu bei, die Kommunikation an Ihrem Wohnort zu verbessern und Werte zu erhalten.

8. Verwenden Sie möglichst keine giftigen Chemikalien in Ihrem Unternehmen, weder in Ihren Produkten und Waren noch in Ihrem Büro.

9. Behandeln Sie Ihre Mitarbeiter mit Respekt und beteiligen Sie sie nach Möglichkeit am Gewinn.

10. Schaffen Sie eine gesunde, attraktive Arbeitsumgebung, die sowohl auf die Beschäftigten als auch auf Besucher wohltuend wirkt.

Wunderbare Ideen darüber, wie man eine gesunde, ökologisch einwandfreie Arbeitsumgebung gestaltet, enthält das anregende, schon mehrfach überarbeitete Buch *Das natürliche Haus* von David Pearson.

Unter anderem wird dazu geraten, Niedervolt-Halogenlampen als Deckenbeleuchtung zu verwenden oder Schreibtischlampen mit Leuchtstoff-Sparlampen, falls das in jedem Fall vorzuziehende natürliche Tageslicht fehlt. Pearson empfiehlt außerdem, auf Plastikprodukte aller Art, Einrichtungsgegenstände aus Kunststoff und synthetische Bodenbeläge sowie giftige Reinigungsmittel, Klebstoffe, Fixative und Sprays zu verzichten.

Unablässig sowohl die Saat aussäen als auch die Früchte ernten. >>

Wie ich in meinem Unternehmen Nachhaltigkeit erreiche

Ich habe bereits ein paar Vorschläge angeführt, die Sie bei Ihrer Unternehmensplanung berücksichtigen könnten, aber wahrscheinlich fallen Ihnen selber noch einige ein. Bitten Sie während Ihrer nächsten Augenblicke der Stille vor Ihrem SEED-Altar Ihr höheres Selbst oder Ihre Intuition, Ihnen Möglichkeiten aufzuzeigen, wie Sie Ihre eigenen Vorstellungen von Nachhaltigkeit in Ihr Unternehmen einbeziehen können.

Ich habe folgende Ideen zur Nachhaltigkeit in meinem Unternehmen:

....

....

94.

....

....

....

....

....

....

Im Laufe der Zeit, wenn Ihr Unternehmen wächst, werden sich noch viele Gelegenheiten ergeben, weitere Aspekte der Nachhaltigkeit in Ihr Unternehmenskonzept zu integrieren.

Unverantwortliche Geschäftspraktiken = schlechtes Karma, gute Praktiken hingegen sind gut fürs Geschäft

Leider besteht immer die Möglichkeit, dass Sie unwissentlich geschäftliche Entscheidungen treffen, die sich negativ auf die Umwelt oder die Gesellschaft auswirken. Das ist eine Falle, in die Großkonzerne häufig hineintappen.

Die schlechte Publicity, unter der einige der weltgrößten Unternehmen in den letzten Jahren durch ihre unverantwortlichen Geschäftspraktiken litten, hat in Wirtschaftskreisen viele Fragen aufgeworfen.

Ausbeuterische Kinder- und Frauenarbeit, die Kooperation mit korrupten Regierungen, durch Unternehmenshabgier verursachte Umweltschäden und ähnlich problematisches Geschäftsgebaren hat viele Unternehmen zu einer Selbstprüfung und zur Annahme innerer und äußerer Kontrollen der Unternehmensführung bewogen.

Große Konzerne, die sich immer für gut und anständig hielten, mussten erkennen, was für einen verheerenden Einfluss die Geschäftspraktiken einiger ihrer Branchen oder Zulieferer sowohl auf ihren Aktienkurs als auch auf ihre Beziehungen zum Kunden haben.

So hat zum Beispiel Nike nach einer Medienkampagne über die ausbeuterische Produktion von Schuhen in manchen seiner Fabriken sehr hohe ethische Normen im Hinblick auf Ökologie und Herstellung eingeführt.

Auch Shell ist nach der Hinrichtung des Schriftstellers Ken Saro-Wiwa und sieben anderer Angehöriger des Ogoni-Stammes in Nigeria in die Schlagzeilen geraten. In den Augen der Welt arbeitete Shell Hand in Hand mit der korrupten nigerianischen Regierung. Die Shell-Manager waren aufrichtig entsetzt über diese Rückwirkung, da sie sich keineswegs für die Sache verantwortlich fühlten, reagierten jedoch schnell.

Sie setzten sich neue Verhaltensmaßstäbe, die auf die strikteste Einhaltung der Menschenrechte ausgerichtet sind, und gaben zu, erst durch den katastrophalen Imageverlust auf diesen Aspekt ihrer Geschäftsaktivitäten aufmerksam geworden zu sein. Jetzt gibt Shell als einer der größten Konzerne der Welt bei Geschäftsabschlüssen nach Möglichkeit immer sozialen und ethischen Prinzipien den Vorrang.

Neu und löblich ist, dass inzwischen viele große internationale Firmen ökologisch und ethisch korrekte Geschäftspraktiken als gut fürs Geschäft, für die Gesellschaft und für die Umwelt erachten.

Nachhaltigkeit, ethische Normen und Ehrlichkeit im Unternehmen

Was große Konzerne zwangsläufig aus ihren Versäumnissen lernen mussten – dass man ein Unternehmen nach den Richtlinien führen sollte, die man in allen Bereichen seines Lebens gelten lassen möchte –, ist ein Grundprinzip, das Sie leicht in Ihre Unternehmensplanung aufnehmen können, solange Ihr Vorhaben noch im Planungsstadium ist.

Es geht im Wesentlichen darum, positive Werte zu schaffen, folglich müssen Sie darauf achten, dass die Nachhaltigkeit, ethische Normen und Ehrlichkeit in Ihrem Unternehmen ihren gebührenden Platz einnehmen, ehe Sie in zu viele Geschäftsaktivitäten verwickelt sind. Andernfalls nimmt Ihr Unternehmen womöglich einen schädlichen Einfluss auf Teile der Gesellschaft oder der Umwelt.

Nicht jeder will ÖkounternehmerIn werden und ein Biorestaurant aufmachen oder Kleidung und Haushaltsartikel aus Naturmaterialien herstellen. (Ich muss allerdings darauf hinweisen, dass sich der Sektor von Umwelt- und Ökoprodukten allmählich zu einem der spannendsten und profitabelsten Unternehmensbereiche des 21. Jahrhunderts auswächst!)

Vielleicht wollen Sie ja einfach einen Maniküresalon in Ihrer Straße aufmachen und damit so erfolgreich sein wie Tausende von asiatischen Einwanderern in den Vereinigten Staaten. Trotzdem müssen Sie sich entscheiden, ob Sie weniger toxische Produkte verwenden und Ihre Angestellten gut bezahlen wollen oder nicht. Oder Sie wollen einen Dienstleistungsbetrieb gründen, der belegte Brötchen an Büros liefert, und Ihre Kunden bestehen auf Brötchen aus weißem Auszugsmehl. In diesem Fall können Sie immerhin dafür sorgen, dass Ihre Brötchen das Gesündeste und Schmackhafteste sind, was sich aus Auszugsmehl herstellen lässt.

Die Nachhaltigkeit orientiert sich am Machbaren im Einklang mit Ihren persönlichen Werten und ethischen Vorstellungen.

Genauso zuhören wie reden. >>

Welche Werte und ethischen Normen gelten für Sie?

Um den Unterschied zwischen Werten und ethischen Normen herauszufinden, habe ich mit einer ganzen Reihe von Leuten gesprochen, bei denen meines Erachtens das eine wie das andere in allen Lebensbereichen deutlich wird: im Privatleben, im Beruf und im sozialen Engagement.

Sie alle stimmten darin überein, dass Werte eine Leitlinie dafür sind, wie wir uns unser Leben einrichten und unseren Grundsätzen und inneren Überzeugungen gerecht werden möchten. Ethische oder moralische Normen sind das, woran wir uns in Bezug auf die Außenwelt halten; sie bestimmen unsere Interaktionen mit anderen Menschen.

Allzu lange hat die traditionelle Wirtschaftswelt ganz andere Werte für das Berufsleben vertreten als die, für die man privat eintreten würde. Es liegt in der Natur der Sache, dass ein solches System starken Stress verursacht, weil die Betreffenden praktisch mit einer gespaltenen Persönlichkeit leben müssen.

In der herkömmlichen, auf alten Paradigmen beruhenden Geschäftswelt waren Gewinne und Aktienkurse das Einzige, was zählte. Die Menschen existierten quasi nur als Zahlen, und die Manager großer Konzerne fällten Entscheidungen, die oft sehr hart waren und manchmal verheerende Auswirkungen auf das Leben der Beschäftigten oder die Umwelt hatten.

Zum Teil liegt es an solch verhärteten Unternehmereinstellungen, dass so viele Menschen, insbesondere Frauen, das Angestelltendasein aufgeben, um eine selbständige Geschäftstätigkeit aufzunehmen, bei der sie ihre persönlichen Wertvorstellungen ins Berufsleben einfließen lassen können.

Wir sagen uns von einem wichtigen Teil unserer selbst los, wenn wir nur Lippenbekenntnisse von uns geben, statt so zu handeln, wie wir es im Innersten für richtig halten.

Viel stressärmer und erfreulicher ist es doch, einer Tätigkeit nachzugehen, die den eigenen Überzeugungen entspricht. Sie vermittelt nicht nur ein Gefühl von Ganzheit, sondern hat auch positive Auswirkungen auf den unternehmerischen Erfolg.

Wenn Sie zum Beispiel Großzügigkeit wertschätzen, warum sind Sie dann nicht einfach offen, selbst im Gespräch mit Ihren Konkurrenten? Ich war viel wettbewerbsorientierter, als ich jünger war, während es mir jetzt Freude macht, mich mit Kollegen aus einem ähnlichen Fachbereich zu unterhalten. Ich helfe ihnen gern mit Informationen oder Kontakten weiter, die ihnen etwas nützen, und weiß, dass es auch immer Menschen gibt, die das für mich tun.

Wenn Sie Ehrlichkeit am höchsten werten, dann stellen Sie unbedingt die Ehrlichkeit ins Zentrum Ihrer Unternehmensplanung. Ich glaube, dass Firmen, deren Grundlagen Wahrhaftigkeit und Integrität sind, stets mehr Erfolg haben als solche, die mit Halbwahrheiten und Manipulationen operieren.

Unternehmensspitzen fürchten häufig, die Wahrheit zu sagen, besonders, wenn sie etwas Schwerwiegendes zu verbergen haben und nicht auf einen Wandel vorbereitet sind. Auch das ist eine kurzsichtige Haltung, die am Ende mehr schadet, als sie nützt.

Natürlich will ich damit nicht sagen, dass Sie herumspazieren und jedem Ihre Firmen- und Finanzlage in allen Einzelheiten auf die Nase binden sollen. Ich selbst habe nie etwas von Betriebsgeheimnissen gehalten, aber diese Art von praktizierter Ehrlichkeit ist Ansichtssache. Wir alle haben unterschiedliche Wertvorstellungen, und was uns wichtig ist, ändert sich mit zunehmendem Alter und je nach den Umständen.

Vielleicht schätzen Sie Kreativität besonders und bringen diesen Wert dadurch in Ihr Unternehmen ein, dass Sie auch Ihren Angestellten die Möglichkeit einräumen, ihre kreativen Fähigkeiten voll auszuschöpfen, indem Sie ihnen viel Freiheit bei ihrer Arbeitsgestaltung lassen. Oder Ihnen erscheint die Zeit, die Sie mit Ihren Kindern verbringen, als die wertvollste; in diesem Fall sollten Sie auch Ihren Mitarbeitern genügend Zeit lassen, sich um die eigenen Sprösslinge zu kümmern.

Werte auflisten und nach Priorität ordnen

Hier zeige ich Ihnen, wie Sie Ihre persönlichen Werte und ethischen Normen in Ihre Unternehmensplanung integrieren können.

Welche persönlichen Werte schätzen Sie besonders? Und welche Prioritäten setzen Sie? Von welchen Werten lassen Sie sich bei fast jeder Entscheidung leiten, die Sie im Leben treffen? Welche Werte sorgen für Ihr inneres Gleichgewicht? Und welchen Bezug haben diese Werte zu Ihrer Unternehmensethik, zu Ihrem Verhältnis den Menschen und dem Markt gegenüber?

Lassen Sie sich von den unten angegebenen Beispielen inspirieren und schreiben Sie Ihre Wertvorstellungen auf; gehen Sie dann die Liste noch einmal durch und ordnen Sie die Begriffe je nach ihrem Gewicht.

100.

BEISPIELE

Folgende Werte will ich im Privat- und Berufsleben berücksichtigen:

- Achtung vor mir selbst, Respekt für andere und Verantwortung für mein Handeln
- rechtzeitige Begleichung aller Rechnungen
- Verbreitung von Schönheit in aller Welt
- Ausgewogenheit von Arbeitszeit und Freizeit
- Heilung anderer
- Führungsqualitäten unter Beweis stellen
- Schaffung einer angenehmen Umgebung

Stets dreierlei im Auge behalten: Achtung vor mir selber, >>
den Respekt für andere und Verantwortung für alles, was ich tue.

Remember the 3 R's

Respect for self

Respect for others

Responsibility for all my actions

Stellen Sie als Nächstes eine Liste der Worte und Sätze zusammen, die Sie gelesen oder über die Sie nachgedacht haben und die Ihre Empfindungen in Bezug auf Nachhaltigkeit, Werte und ethische Normen am besten wiedergeben. Bewahren Sie die Liste auf und stellen Sie fest, welche Begriffe oder Formulierungen Ihrem Gefühl nach vorrangig sind, damit Sie später bei der Festlegung Ihrer Unternehmensphilosophie, dem ersten Teil Ihrer Unternehmensplanung, darauf zurückgreifen können.

Jetzt sollten Sie Ihren Meditationsplatz oder Altar aufsuchen und eine Zeit lang still werden, sodass Ihre Gedanken in Ihr Unbewusstes zurücksinken und in einer nachhaltigen Umwelt Wurzeln fassen und Nahrung finden können.

102.

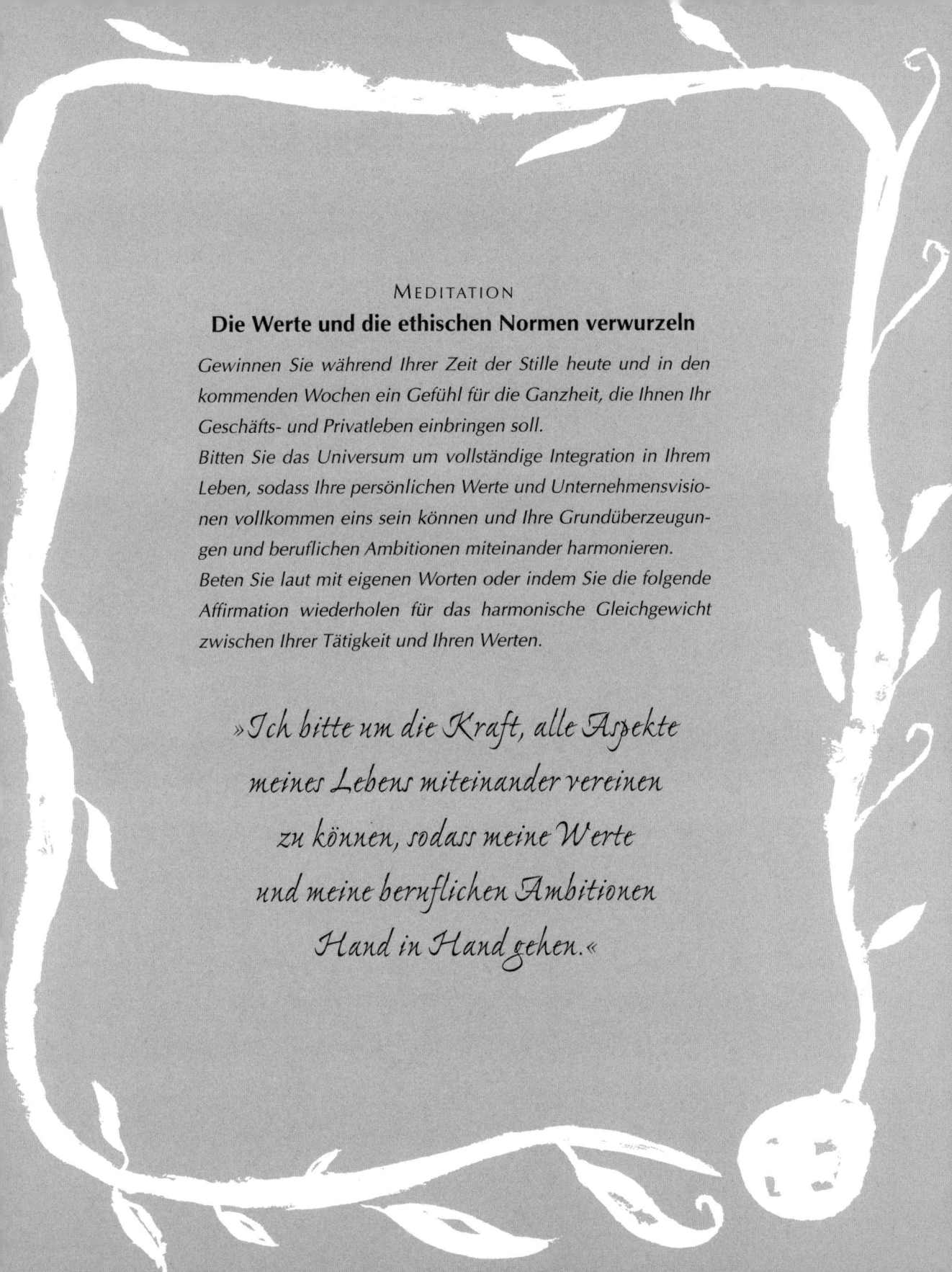

Die Werte und die ethischen Normen verwurzeln

Gewinnen Sie während Ihrer Zeit der Stille heute und in den kommenden Wochen ein Gefühl für die Ganzheit, die Ihnen Ihr Geschäfts- und Privatleben einbringen soll.

Bitten Sie das Universum um vollständige Integration in Ihrem Leben, sodass Ihre persönlichen Werte und Unternehmensvisionen vollkommen eins sein können und Ihre Grundüberzeugungen und beruflichen Ambitionen miteinander harmonieren.

Beten Sie laut mit eigenen Worten oder indem Sie die folgende Affirmation wiederholen für das harmonische Gleichgewicht zwischen Ihrer Tätigkeit und Ihren Werten.

»*Ich bitte um die Kraft, alle Aspekte
meines Lebens miteinander vereinen
zu können, sodass meine Werte
und meine beruflichen Ambitionen
Hand in Hand gehen.*«

Kapitel 6

DAS HANDWERKSZEUG

Nun beschäftigen wir uns mit Ihrem wichtigsten Arbeitsgerät überhaupt – Ihrer Intuition und Ihrer Gesundheit – sowie mit den Materialien und Geräten, die Sie in Ihrem Geschäftszweig unbedingt brauchen.

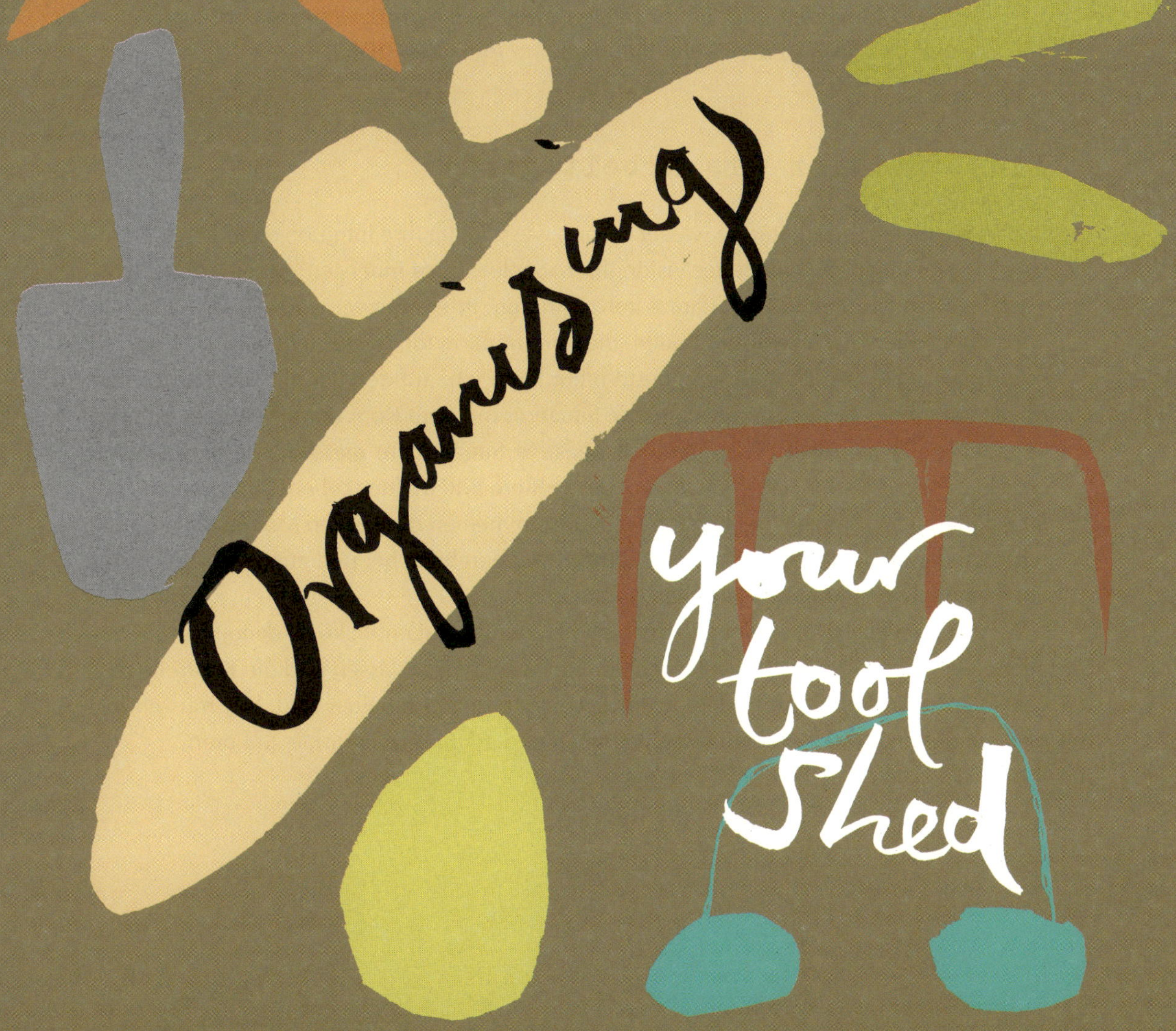

Organising your tool shed

In diesem Kapitel schauen wir uns die Grundausstattung an, die Sie benötigen, wenn Sie ein Dienstleistungsunternehmen gründen wollen, und denken auch daran, welche Einrichtung sich für ein komplexeres Unternehmen am besten eignet.

In beiden Fällen ist jetzt im SEED-Programm die Zeit gekommen, sich Gedanken über die Ausrüstung zu machen, die Sie brauchen, um Ihr Unternehmen zu starten.

Aber zuvor wollen wir noch einen Blick auf zwei andere wichtige Arbeitswerkzeuge werfen, die Sie zu Beginn Ihres SEED-Unternehmens und auch später benützen werden – Ihre Intuition und Ihre Gesundheit.

Die Intuition als Arbeitsgerät

In diesem Buch habe ich immer wieder betont, wie wichtig Ihre Intuition dafür ist, dass das, was Ihr Kopf Ihnen sagt, auch der Vision Ihrer »Seele«, Ihres innersten Wesens, entspricht.

Jetzt wollen wir uns bewusst darauf konzentrieren, Ihre intuitiven Fähigkeiten zu verfeinern, damit Sie den Wegweisern trauen, die Ihre Intuition für Sie aufstellt.

Je länger ich Unternehmerin bin, desto mehr lerne ich, auf den natürlichen Lauf zu vertrauen, den mein Leben nimmt, statt jede Situation mit dem Kopf unter Kontrolle zu bringen. Das heißt natürlich nicht, dass ich negative Situationen, die sich ergeben, einfach bestehen lasse, aber ich habe gelernt, auf das größere Bild meines Lebens zu bauen und die Situation in ihrer Ganzheit zu betrachten. Selbst in meinen dunkelsten Momenten erinnere ich mich daran, dass ich gerade einen Lernprozess durchmache, und ermahne mich dazu, auf meine innere Stimme zu lauschen.

Wir alle erleben privat wie beruflich ab und zu dunkle Augenblicke, in denen wir uns aus allen möglichen Gründen blockiert fühlen. Nur wenn wir loslassen und die Kontrolle aufgeben, entsteht der Raum, in dem positive Veränderungen möglich sind. Wir müssen lernen, auf die in uns fließende Kraft zu vertrauen und auf unsere Intuition zu hören.

Intuition und Riesenkohlköpfe: der Findhorn-Garten

Eine wunderbare, beispielhafte Geschichte, die zeigt, wie wertvoll Depressionen oder Kreativitätshemmungen sein können, hat mir vor ein paar Jahren Eileen Caddy erzählt, Mitbegründerin der »Findhorn Foundation«. Eileen, inzwischen Ende siebzig, hat in den sechziger Jahren mit ihrem früheren Ehemann Peter Caddy zusammen die Foundation in Schottland gegründet, aus der eine der herausragendsten spirituellen Ökogemeinschaften der Welt wurde.

Eileen hat mir erzählt, dass sie bisweilen in tiefe Depressionen versinkt, vor einigen Jahren jedoch bemerkt hat, dass es dann so ist, als ob neue Saat aufkeimen würde, die in der Dunkelheit ihre Kräfte sammelt.

Ihre dunkelsten Stunden gingen immer einem gewaltigen Durchbruch voraus, den sie empfand, als würden wunderschöne Blumen im Sonnenschein aufblühen.

Findhorn ist sowohl für seine Gärten als auch für das Horchen oder Einstimmen auf die eigene innere Stimme bekannt. Als Eileen und Peter gemeinsam mit Dorothy Maclean, der dritten im Bunde, die Gemeinschaft auf einem trostlosen, sandigen Campingplatz an der Nordostküste Schottlands in der Nähe von Inverness gründeten, trafen sie viele »unternehmerische« Entscheidungen bezüglich der Gemeinschaftsführung aufgrund von intuitiven Weisungen, die Eileen durch ihre innere Stimme zuteil wurden.

In den Anfangsjahren stand Eileen vor dem Problem, einen stillen Ort zu finden, der Raum ließ für einen meditativen Zustand. Eileen, Peter, ihre drei ausgelassenen kleinen Söhne und Dorothy lebten alle zusammen in einem kleinen Wohnwagen. So blieb Eileen schließlich nur die öffentliche Toilette des Campingplatzes, wo sie die frühen Morgenstunden damit verbrachte, auf ihre innere Stimme oder, wie sie es sah, »Gott« zu lauschen. Eine Botschaft, die sie auf diese Weise für die Gemeinschaft empfing, lautete, dass ein einziger Garten eine ganze Welt retten kann. Ein herrlicher Saatgedanke für Ihr SEED-Unternehmen!

Dorothy Maclean legte auf dem kargen Boden einen Garten an, in dem sie die berühmten riesigen Kohlköpfe und andere überdurchschnittlich großen Gemüsesorten für die wachsende Gemeinschaft anbaute. Sie pflegte mit den »Devas« zu kommunizieren, den Geistern der Pflanzen und Gemüse, und sie innerlich zu fragen, welche Pflege und Bewässerung sie sich wünschten. Ob man nun daran glaubt, dass die Welt der Pflanzen und überhaupt alles Lebendige beseelt ist oder nicht, der Findhorn-Garten wurde jedenfalls weltberühmt wegen seiner unglaublichen Erträge. Immer noch pilgern Abertausende von Besuchern jährlich zu diesem Zentrum, um sich mit eigenen Augen davon zu überzeugen und an dem Experiment teilzunehmen, in einer spirituellen Gemeinschaft zu leben.

Ich selbst bin vor ein paar Jahren dort gewesen und habe praktisch miterleben können, wie jede Arbeitsgruppe, bevor sie ans Werk geht, eine Kerze anzündet, sich eine Zeit lang still einstimmt und danach kurz berät, was jeder Einzelne tun soll.

Wir bei *Globalfusion,* meinem neu gegründeten Unternehmen, in dem ich mit einem neuen, jungen Team globale PR- und Kommunikationsarbeit leiste, beginnen unseren Werktag genauso. Für uns ist das zum einen eine sehr dynamische Art und Weise, im Team zueinander zu finden, und zum andern eine gute Gelegenheit, mit unserer inneren Stimme Verbindung aufzunehmen.

Die weibliche Lebensweise hat sich immer schon weitgehend auf Intuition gegründet. Nur erkennt die linkshirnlastige Wirtschaftswelt erst jetzt allmählich, wie effektiv eine instinktgeleitete Unternehmenspraxis sein kann, vorausgesetzt, sie orientiert sich an der Realität.

ÜBUNG
Intuitive Eingebungen in einem Tagebuch festhalten

Auch wenn Sie bereits ein Tagebuch führen, sollten Sie jetzt eins anlegen, das speziell Ihrem Unternehmen gewidmet ist. In dieses Tagebuch tragen Sie Ihre intuitiven Ideen, Träume, Bilder und Gedanken ein, auf die Sie später, wenn Ihr Garten Gestalt anzunehmen beginnt, zurückgreifen.

Tagebuch führen hilft Ihnen nicht nur, intuitive Eingebungen festzuhalten, sondern ist außerdem, wie Julia Cameron in ihrem Buch *Der Weg des Künstlers* brillant beschreibt, eine Möglichkeit, kreative Blockierungen zu überwinden. Wenn Sie die schöne Gewohnheit pflegen, jeden Tag etwas in Ihr Tagebuch zu schreiben, werden Sie feststellen, dass Ihr Unterbewusstsein mit innovativen Gedanken und Hinweisen aufwartet, die Ihnen eine Hilfe dabei sein werden, die nächsten Phasen Ihres Projekts Gestalt annehmen zu lassen.

Sich Humor und Lachen als wichtige Bestandteile >>
der Unternehmensplanung bewahren.

Keep HUMOR and LAUGHTER as vital ingredients of my business PLAN

An anderer Stelle in diesem Buch haben wir darüber gesprochen, wie wichtig es ist, relevante Informationen aus der Wirtschaftswelt einzuholen; diese Daten müssten Ihnen inzwischen gesammelt in entsprechenden realen oder virtuellen Ordnern zur Verfügung stehen. Außerdem haben Sie mittlerweile tief im Erdreich Ihres Unterbewusstseins gegraben und müssten auch bereits durch Ihr SEED-Visionsposter oder -Collagenbuch eine recht genaue Vorstellung von Ihrem Unternehmen haben.

Noch mehr Konzentration erfordert es, Ihr Geschäftsvorhaben in all seinen spezifischen Einzelheiten zu durchdenken und Antworten auf all Ihre unternehmerischen Fragen zu finden. Mit Freude werden Sie feststellen, dass diese Antworten oft da auftauchen, wo Sie sie am wenigsten erwartet hätten, unter anderem in Ihrem Tagebuch und sogar in Ihren Träumen. Sie fragen sich zum Beispiel, wo Sie wohl Ihre Kunstschule für Kinder aufmachen könnten – sollen Sie die Kurse bei sich zu Hause abhalten oder lieber versuchen, einen passenden Raum preiswert zu mieten? Sie wägen die verschiedenen Möglichkeiten mit Blick auf Kosten und praktische Erfordernisse gegeneinander ab, und voilà, Ihr morgendlicher Eintrag ins Tagebuch »liefert« Ihnen die entsprechende Antwort in Form eines Rätsels, eines Gedichtes oder einer Skizze.

Der springende Punkt ist der, dass Ihre faktischen Erkenntnisse unbedingt durch Ihre innersten Gefühle positiv bestätigt werden müssen – und den Zugang zu diesen intuitiven Regungen bieten Ihnen solche Aktivitäten wie das Tagebuchführen.

Ich empfehle Ihnen, Ihr Tagebuch neben das Kopfkissen zu legen, damit Sie Träume oder erste Gedanken am frühen Morgen gleich aufschreiben können und vielleicht Antwort bekommen auf Fragen, die Sie vor dem Zubettgehen Ihrem Unterbewusstsein gestellt haben.

ÜBUNG

Die endgültige Klärung der Geschäftsidee durch Zwiesprache mit der inneren Stimme

An diesem Punkt des Programms wird es Zeit, der Idee für ein bestimmtes Vorhaben eine endgültige Form zu geben, die praktisch durchführbar ist, auf dem heutigen Markt eine Chance hat und Ihnen im Innersten entspricht. Bald schon können dann die nächsten Schritte folgen: einen Kostenplan aufzustellen für die Ausstattung, die Sie benötigen, den Ort festzulegen, von dem aus Sie geschäftlich agieren wollen, und einen nüchternen Blick auf die rechtlichen, finanziellen und praktischen Fragen Ihrer Unternehmensgründung zu werfen.

Nichts ist in Stein gemeißelt – oder wie eine kluge Frau mir einmal sagte: »Meine endgültige Entscheidung ist nie meine letzte« –, Sie können also immer noch die Richtung wechseln. Aber die Zeit ist da, sich ganz und gar Ihrer Intuition zu öffnen und sich zu vergewissern, ob Ihr Instinkt mit Ihren theoretischen Überlegungen in dem Punkt übereinstimmt, dass das geplante Unternehmen das Richtige für Sie ist.

Beschreiben Sie Ihr Vorhaben mit kurzen Worten in Ihrem Tagebuch und konzentrieren Sie sich während Ihrer täglichen Zeiten der Stille und vor dem Schlafengehen auf das Geschriebene. Bitten Sie die Kräfte Ihres Unbewussten, Sie durch Träume oder durch Gedanken, die in Ihrem entspannten Geist auftauchen, wissen zu lassen, ob Sie auf dem richtigen Weg sind oder ob Sie etwas ändern müssen. Halten Sie die Begriffe oder Bilder, die Ihnen in der Meditation oder im Traum einfallen, in Ihrem Tagebuch fest.

Stellen Sie sich etwa einen Monat lang bildlich bei der Arbeit in Ihrem Traumunternehmen vor. Gewöhnen Sie sich an, stets Ihre »innere Stimme« um Antwort auf jede Frage bezüglich der persönlichen und beruflichen Entscheidungen zu bitten, die Sie treffen müssen, und wenden Sie sich immer nach innen, um Lösungen zu finden.

Trends erkennen: ein letztes Wort zur Intuition

Ich habe immer von meiner Intuition Gebrauch gemacht, um mich in neue Ideen »einzufühlen«. Trends, von denen besonders die Modewelt beherrscht wird, in der ich viele Jahre lang gearbeitet habe und mit denen ich gelegentlich sogar von der britischen Presse identifiziert wurde, sind das, was Menschen machen, die den Geist der Zeit erkannt haben. Ein Trendsetter vermag scheinbar aus dem Nichts heraus neue Ideen, Formen, Farben und Strömungen heraufzubeschwören, oft simultan mit anderen, die ebenfalls diesen siebten Sinn haben.

Mir ist dieses Phänomen so oft in der Mode- und Designwelt begegnet, dass ich es nicht bloß für reinen Zufall halten kann – woran ich ohnehin nicht glaube. Mit Feingespür und Offenheit kann sich jeder dieser kollektiven Strömung anschließen – und dann die »Information« dazu nutzen, sein eigenes individuelles Unternehmen zu planen.

Der Körper als wichtigstes Werkzeug

Gesundheit und Wohlbefinden sind immer wichtig, aber die Gründung eines eigenen Unternehmens kann extreme Belastungen und Dauerstress für Ihren Körper bedeuten, wenn Sie nicht aufpassen.

In den Anfangsjahren Ihres Unternehmertums werden Sie körperlich bis an Ihre Grenzen gehen. Ein eigenes Geschäft aufzumachen heißt, viele, viele Stunden hart zu arbeiten, noch dazu oft an einem flimmernden Bildschirm, und ständigem Stress ausgesetzt zu sein.

Die Zeit ist folglich reif dafür, ein paar einfache Übungen und Routinen zur Stressregulierung in Ihr Leben einzuführen, die Ihnen behilflich sein werden, selbst die schwierigsten Zeiten wohlbehalten durchzustehen.

Im ersten Kapitel war bereits davon die Rede, dass schlechte Essgewohnheiten abgelegt werden sollten, und das ist in diesem Stadium noch wichtiger. Regelmäßige Mahlzeiten, so wenig Junk-Food wie möglich, ein paar gute Nahrungsergänzungsmittel und sechs bis acht Gläser frisches Wasser am Tag werden Ihnen die nötige Gesundheit und Kraft geben, die Sie brauchen, um Ihr Unternehmen auf den Weg zu bringen.

Wir haben natürlich alle unsere Schwächen. Ich selbst habe etwas für fast alle leiblichen Genüsse übrig, und mein besonderes Laster ist Schokolade. Ich habe mir sagen lassen, dass bei einem ständig hohen Adrenalinpegel – und den habe ich, wie viele UnternehmerInnen – der Zucker im Blut rasch abgebaut wird, sodass ein Heißhunger auf Süßigkeiten entsteht, in meinem Fall auf Schokolade.

Es gibt jedoch gesündere Möglichkeiten, den Hunger auf etwas Süßes zu stillen. Eine meiner Kolleginnen befriedigt Ihr Zuckerbedürfnis durch rohe Möhren, und gesunde Müsli- oder Früchteriegel dienen demselben Zweck.

Bei Versammlungen und der Arbeit im Team merke ich gar nicht, dass ich Hunger auf Süßes habe. Erst wenn ich nachdenke oder schreibe, wird es mir bewusst. (Bei der Arbeit an diesem Kapitel sind mehrere Tüten Bio-Tortillachips in meinem hungrigen Rachen verschwunden).

Allerdings bin ich heute auch schon eine Stunde spazieren gegangen, bergauf und bergrunter, und bin nach meiner Lieblingsplatte von der britischen Gruppe *Faithless* in meinem Zimmer herumgehoppst. Einer der Vorteile der »Heimarbeit« ist natürlich der, dass man mit-

*Nie vergessen, dass der Körper das wichtigste Werkzeug ist – Streck- und >>
Atemübungen machen, sich fit halten, spazieren gehen und tanzen.*

Remember **My** **body**

is my most **IMPORTANT** *tool*

Go for a Walk

STRETCH-EXERCISE

Breathe

DANCE

ten am Tag an die frische Luft gehen oder einfach laute Musik anstellen und tanzen kann, wenn der Stress zu groß wird.

Ich kann jeder Jungunternehmerin nicht nachdrücklich genug raten, sich Bewegung zu verschaffen und den Körper fit zu halten. Unterschätzen Sie nie, wie viel Zeit Sie langfristig einsparen, wenn Sie sich gesund erhalten.

Egal, ob Sie frühmorgens Freiübungen machen, regelmäßig zur Massage gehen oder an einem Yogakurs teilnehmen, entscheidend ist nur, sich bewusst zu sein, dass der Körper Streckübungen, Bewegung und Entspannung unbedingt braucht.

Ich selbst habe seit frühester Jugend immer leidenschaftlich gern getanzt, und wann immer möglich folge ich dem Fünf-Rhythmen-Programm der Lehrerin und Autorin Gabrielle Roth. Es beginnt mit weiblichen, fließenden Mustern, geht dann in einen eher selbstbewussten männlichen Stil über, weiter in einen intensiven, »chaotischen« dritten Rhythmus, wird anschließend kindhaft lyrisch und endet in meditativer Stille, baut sich also erst zu lebhafter Aktion auf, um wieder in den Raum der Ruhe zurückzuführen.

Ich habe miterlebt, wie Kinder, Behinderte in Rollstühlen, alte Menschen und Männer und Frauen jeden Alters durch Gabrielles Übungen inspiriert und beweglicher wurden und kann ihr Programm nur jedem empfehlen. Mich erfrischt es immer durch und durch, die »fünf Rhythmen« zu durchlaufen – und bringt mich zu der Erkenntnis, dass Geist, Körper und Seele eins sind.

Wir müssen uns regelmäßig von unserer Kopflastigkeit abwenden und bewusst unserem Körper zuwenden, um in unserer Tätigkeit möglichst effektiv zu sein. Ich plädiere aus Überzeugung für regelmäßige Ferientage, Zeiten der Stille, Mahlzeiten, Toilettenpausen (statt immer noch einen »dringenden« Anruf entgegenzunehmen!), einfache sportliche Aktivitäten wie Radfahren, Schwimmen, Yoga, Tennis und mindestens einen zwanzigminütigen Spaziergang pro Tag, vorzugsweise in freier Natur, oder wenigstens zu Fuß die Treppen hinaufzusteigen, statt den Fahrstuhl zu nehmen.

Nicht, dass ich Ihnen zu *allen* genannten Aktivitäten raten würde – dazu werden Sie keine Zeit finden. Ich jedenfalls schaffe das nicht. Aber ich halte es für wichtig, sich einmal am Tag sowohl körperliche Bewegung zu verschaffen als auch die Zeit zum Stillewerden zu nehmen, um Ausgewogenheit ins Leben zu bringen.

Gibt es, einmal abgesehen von diesen Empfehlungen zur täglichen Bewegung und zum täglichen Alleinsein in Stille, etwas, das Sie vermeiden sollten, um körperlichen Problemen oder Erkrankungen vorzubeugen? Ich spreche aus Erfahrung, wenn ich Jungunternehmerinnen rate, sich fern zu halten von:

- **langen Nächten**
- **übermäßigem Essen**
- **übermäßigem Alkoholgenuss**
- **übermäßigem Kaffeegenuss**
- **negativen Menschen**

Sollte es Ihnen schwer fallen, sich an eine gesunde Lebensführung zu gewöhnen, dann rufen Sie sich einfach ins Gedächtnis zurück, wie wichtig Ihr Wohlbefinden für Ihr neues Unternehmen ist. Wenn es Ihnen nicht gut geht, geht es auch dem Unternehmen nicht gut.

Ein paar Fitness-Tipps zum Strecken und Gesundbleiben

Von Celina Marquez, einer reizenden jungen Frau, die es auf sich genommen hat, mir Yoga- und Streckübungen beizubringen, wenn ich in Los Angeles bin, stammen folgende Vorschläge für einfache Übungen, die jeder durchführen kann. Die ersten vier sollten Sie etwa stündlich durchführen, während Sie am Schreibtisch oder Computer sitzen.

Übungen am Schreibtisch oder vor dem Computer:

- *Kopfklärung:* Beugen Sie von Ihrem Schreibtischstuhl aus den Oberkörper zu Boden. Dadurch schießt Ihnen das Blut in den Kopf und versorgt Ihr Gehirn mit frischem Sauerstoff, sodass Sie wieder klar denken können. Verharren Sie ein paar Sekunden lang in dieser Haltung. Wiederholen Sie die Übung dreimal.
- *Nackenlockerung:* Verschränken Sie die Hände an der Basis des Hinterkopfes und drücken Sie den Kopf sanft nach unten. Sofort lösen sich Verspannungen in Hals und Nacken. Bleiben Sie etwa zehn Sekunden lang in dieser Stellung. Wiederholen Sie die Übung dreimal.
- *Drehübung:* Drehen Sie den Kopf erst langsam nach links, dann langsam nach rechts. Tun Sie es dreimal nacheinander. Wenn Sie dabei ein leises Knacken wahrnehmen, heißt das, dass sich Ihr Hals lockert.

- *Achselzucken:* Ziehen Sie die Schultern zu den Ohren hoch, halten Sie sie drei Sekunden lang oben und entspannen Sie sich wieder. Wiederholen Sie die Übung dreimal. Danach müssten Ihre Schultern vollkommen locker sein.

Diese einfachen Übungen wirken immer und können überall ausgeführt werden. Ich finde Sie auch sehr brauchbar auf langen Flugreisen und in allen Situationen, die häufig zu Nacken- und Schulterverspannungen führen.

Technische >>
Fertigkeiten
verbessern.

Streckübungen

Celina hat ferner drei spezielle Übungen für den ganzen Körper ausgearbeitet, die Sie morgens als Erstes und zu beliebigen Zeiten tagsüber durchführen können, wann immer Sie das Gefühl haben, dass Sie den Körper einmal strecken sollten.

118.

- *Biegen:* Stellen Sie die Füße schulterbreit auseinander. Heben Sie die gestreckten Arme mit zusammengelegten Handflächen hoch über den Kopf. Biegen Sie sich nun aus der Taille langsam erst zur einen Seite, dann zur anderen. Atmen Sie normal. Wiederholen Sie die Übung dreimal.

- *Strecken und Beugen:* Stellen Sie die Füße schulterbreit auseinander und strecken Sie die Arme nach oben. Die Fersen fest auf dem Boden und den Blick auf Ihre Hände gerichtet, strecken Sie sich so weit wie möglich nach oben. Zählen Sie bis fünf und lassen Sie den Oberkörper bei angewinkelten Knien vornüber fallen, dass der Kopf locker baumelt. Zählen Sie in dieser Haltung wieder bis fünf. Wiederholen Sie die Übung dreimal.

- *Drehen und Strecken im Sitzen:* Setzen Sie sich mit möglichst weit auseinander gespreizten Beinen (es soll nicht weh tun!) auf den Boden. Beugen Sie sich aus der Taille nach vorn, sodass Sie die Anspannung an der Unterseite der Beine spüren. Legen Sie die rechte Hand auf Ihr linkes Bein und versuchen Sie, mit der Brust Ihr linkes Knie zu berühren. Führen Sie nun die gleiche Bewegung zur anderen Seite hin aus. Wiederholen Sie die Übung zweimal.

Das Handwerkszeug für Ihr Unternehmen

Je nachdem, für welche produktive oder unternehmerische Tätigkeit Sie sich entschieden haben, brauchen Sie natürlich unterschiedliches Gerät. Die meisten Unternehmen machen jedoch eine Grundausstattung fürs Büro erforderlich wie zum Beispiel Computer, Faxgerät und Telefon.

Inzwischen ist Ihnen hoffentlich klar, wie wichtig ein Computer für jede Art von Unternehmen ist. Zuvor konnten Sie zwar Internet-Informationen in öffentlichen Bibliotheken oder Internet-Cafés einholen, aber jetzt wird es doch Zeit, in einen eigenen Computer zu investieren, neu oder aus zweiter Hand. PCs sind aus dem täglichen Leben nicht mehr wegzudenken, sie sind im Grunde unerlässlich für die allgemeine Tageskorrespondenz, die in zunehmendem Maße per E-Mail abgewickelt wird. Sobald Ihr Unternehmen läuft, sollten Sie sich außerdem in Ihrem PC eine Datenbank einrichten für Ihre Geschäftskontakte und Finanzdaten.

Es wird immer noch viel darüber diskutiert, ob man sich einen »Mac« oder einen IBM-kompatiblen Computer, genannt PC, anschaffen soll. Ich besitze beide Systeme und weiß gar nicht, was daran so verschieden sein soll. Grundsätzlich sollten Sie, falls Sie größtenteils kreativ tätig sein wollen und entsprechende Präsentationen machen müssen, einen Apple-Macintosh kaufen. Der Mac ist besser geeignet für diese Art von Arbeit. Wenn Sie den Computer hingegen überwiegend für den kaufmännischen und finanziellen Bereich brauchen, ist ein normaler PC ratsamer.

Einen einfachen PC gibt es im Handel ab etwa 1500 DM, einen einfachen Mac ab etwa 2000 DM, die entsprechenden Laptops kosten etwa 2000 bzw. 3000 DM. Auf jeden Fall brauchen Sie auch gute Büro-Software für Ihren Computer, zum Beispiel Microsoft Office, die es inzwischen für alle Computertypen gibt.

Beachten Sie auch, dass es immer einfacher wird, einen Computer wie auch andere Bürogeräte zu leasen. Auf diese Weise bekommen Sie immer wieder das neueste Modell, und die Kosten verteilen sich dann über einen längeren Zeitraum, statt auf einmal anzufallen.

Wenn Sie ein Gerät aus zweiter Hand kaufen wollen, sollten Sie im Internet, in der Zeitung oder in örtlichen Anzeigenblättern nach einem guten Angebot suchen. Kaufen Sie nichts ohne den Beistand einer guten Freundin oder eines Freundes, die etwas von Computern verstehen und das Gerät ausprobieren können.

Leihen Sie sich gegebenenfalls den Computer Ihres Mannes oder Ihrer Kinder, aber möglichst nur für kurze Zeit, es sei denn, die anderen benutzen ihn sehr selten. Denken Sie nur an das Chaos, das entsteht, wenn alle zur gleichen Zeit an das Gerät wollen oder jemand aus Versehen wichtige Daten löscht! Selbst wenn Sie sich Ihr Büro zu Hause einrichten, brauchen Sie noch Folgendes:

- einen Drucker für Ihren Computer
- ein Faxgerät
- einen Schreibtisch
- einen bequemen Stuhl
- einen Aktenschrank
- ein Schwarzes Brett

In einem sehr betriebsamen Haushalt werden Sie außerdem nicht um einen zweiten Telefonanschluss herumkommen.

Überdies benötigen Sie schon in der Anfangsphase Ihres neuen Unternehmens Büromaterial; bis Sie sich den Namen Ihrer Firma ausgedacht und den endgültigen Standort ausgewählt haben, brauchen Sie allerdings nur entsprechendes Material für die Zwischenzeit. Firmieren Sie in diesem Fall einfach unter Ihrem Eigennamen mit Privatadresse, Telefon- und Faxnummer sowie E-Mail-Adresse. Einen solchen Briefkopf können Sie entweder selbst am Computer gestalten und ausdrucken, oder Sie lassen Ihn sich in einem örtlichen Copyshop herstellen und drucken.

Visitenkarten sind ein wichtiges Mittel, um Kontakte zu knüpfen oder Informationen einzuholen. Geben Sie wieder Ihre persönlichen Daten ein und drucken Sie sie selbst auf Karten aus, wenn Sie nicht die Dienste eines preiswerten Copyshops in Ihrer Nähe in Anspruch nehmen wollen.

Ferner brauchen Sie noch einige kleinere Büroartikel für Ihren Schreibtisch wie Hefter, Büroklammern und natürlich die kleinen gelben Klebezettelblöcke, damit niemand, auch Sie selbst nicht, Ihre Nachrichten vergisst. Außerdem dürfen Sie natürlich die fachspezifischen Artikel und Geräte für Ihr Unternehmen nicht vergessen. Ich möchte noch einmal betonen, wie leicht es ist, preiswerte Profigeräte aus zweiter Hand im Internet, im Fachhandel und in Verbraucherzeitschriften aufzuspüren.

Hierbei dürften sich wieder gewisse praktische Erfahrungen und Vorkenntnisse auf dem von Ihnen ausgewählten Gebiet als nützlich erweisen. Dann wissen Sie nämlich nicht nur, welche Geräte die besten sind, sondern kennen auch die besten – und preisgünstigsten – Händleradressen.

ÜBUNG

Auflistung der speziell für Ihre Branche nötigen Geräte

Schreiben Sie nacheinander all die Materialien und Geräte auf, die Sie zum Start Ihres Unternehmens brauchen. Machen Sie sich auch eine Einkaufsliste für die Grundausstattung Ihres Büros und legen Sie sie in einem realen oder virtuellen Ordner mit der Aufschrift »Geräte« ab. Sammeln Sie von nun an Informationen über neue oder gebrauchte Geräte, indem Sie Anzeigen aus einschlägigen Fachzeitschriften ausschneiden oder Angebote aus dem Internet, der Lokalpresse und dem Versandhandel für Büroartikel einholen, und legen Sie sie in Ihrem Ordner ab. Auf diese Weise entwickeln Sie ein Gefühl dafür, wo Sie das meiste für Ihr Geld bekommen, wenn Sie Materialien und Geräte kaufen wollen, und können sich endlich an die Kostenplanung machen.

122.

Dank für die Ausstattung durch das Universum

Begeben Sie sich an Ihren Platz der Stille, um die vielen Ideen und Gedanken, auf die Sie in diesem Kapitel gebracht worden sind, tief in sich einsinken zu lassen.

Benutzen Sie von jetzt an im täglichen Leben all Ihre Geräte ganz bewusst. Denken Sie daran, Ihre intuitiven Eingebungen in Ihrem Tagebuch festzuhalten, während Sie auf dem Pfad zur Unternehmensgründung voranschreiten. Erhalten Sie sich körperlich flexibel und gesund, und vertiefen Sie Ihre technischen Kenntnisse auf dem Gebiet, das Sie ins Auge gefasst haben. Machen Sie sich die Ganzheit von Geist, Körper und Seele bewusst und wiederholen Sie die folgende Affirmation laut, entweder mit eigenen Worten oder indem Sie sie ablesen:

»Ich danke dem Universum und bin mir der Ganzheit aller Aspekte meines Lebens bewusst, durch die ich eine umweltfreundliche Grundausstattung finden kann, wie ich sie für mein zukünftiges Unternehmen brauche.«

I add value to all areas of my life and Honor my true worth. I am ready to receive the bouquets that I deserve.

Kapitel 7

Seed Money

DIE FINANZIERUNG

Jetzt nehmen wir praktische Aspekte wie Budget, Tausch-möglichkeiten und Banking unter die Lupe und finden die persönliche Einstellung zu Geld heraus.

<< *Ich schaffe Werte in allen meinen Lebensbereichen und weiß den eigenen wahren Wert zu würdigen. Ich bin bereit für die verdienten Blumensträuße.*

Löst das Thema »Geld« Ängste in Bezug auf Ihr Selbstwertgefühl bei Ihnen aus? Betrachten Sie Geld lediglich als Energieform, mit der Sie Ihre Träume verwirklichen können? Oder ist hoher Profit Ihr Hauptmotiv für eine Unternehmensgründung?

Viele von uns spüren Unbehagen oder sogar kreativitätslähmende Hemmungen, wenn über Geld geredet wird. Finanzielle Unabhängigkeit ist nach eigenen Angaben einer der Hauptgründe für viele Unternehmerinnen, eine selbständige Geschäftstätigkeit aufzunehmen. Selbst bestimmen zu können, wie man seinen Lebensunterhalt verdient, und sein Geld selbst zu verwalten ist eine der befriedigendsten Erfahrungen, die man machen kann, und dazu ist jeder Mensch heutzutage in der Lage.

Trotzdem gibt es noch immer viele Länder, deren soziale und kulturelle Umstände nicht allzu vielen Leuten – und schon gar nicht Frauen – diese Freiheit ermöglichen. Dort gelten Frauen sogar oft als Besitz ihrer Männer oder Väter.

Doch selbst aus solchen Ländern hören wir von Frauen, die uns inspirieren können, beispielsweise von Unternehmerinnen, die Kleinstkredite von den »Banken der Armen« und regierungsunabhängigen Organisationen sowie gemeinnützigen Netzwerken in Anspruch nehmen, um kleine selbständige Geschäftstätigkeiten aufzubauen, durch die sie die Ausbildung ihrer Kinder finanzieren und ihren Familien ein Dach über dem Kopf verschaffen können.

Es hat viele Untersuchungen gegeben über den Erfolg solcher Kleinstkredite, die inzwischen in etlichen Dritte-Welt-Ländern vergeben werden als effektivere Alternative zur Entwicklungshilfe, und sowohl im östlichen wie im westlichen Kulturkreis liegt die Rückzahlungsrate bei gut über 90 Prozent, wobei die Mehrzahl der Kreditnehmer Frauen sind.

Diese Frauen haben keine Wahl, ob sie unternehmerisch tätig werden wollen oder nicht. Sie müssen einfach dafür sorgen, dass Geld hereinkommt, wenn sie und ihre Familien überleben wollen. Wenn Sie zu denjenigen von uns gehören, die unter einem glücklicheren Stern geboren sind, können Sie folglich kaum auf Ausreden verfallen. Greifen Sie ungeachtet der frauenfeindlichen oder ungerechten Verhältnisse, in denen Sie aufgewachsen sein mögen, zur Macht und verwalten Sie Ihre Finanzen in eigener Regie!

Vergessen Sie keinesfalls, dass die Unternehmensfinanzierung Ihnen keine Rätsel aufgeben muss. Die Grundregeln lauten: Das Geld, das hereinkommt, muss für das reichen, was ausgegeben wird; und Sie müssen genügend Startkapital auftreiben, um Ihr Unternehmen in Gang zu bringen, ohne anschließend unter ständigem finanziellem Druck zu stehen.

Außerdem kann ein gesundes Unternehmen auch wachsen, ohne nur traditionelles Kapital zu benutzen. Wir werden uns andere Erfolg versprechende Möglichkeiten anschauen, mit deren Hilfe ein Unternehmen wirtschaften kann, wie etwa den immer beliebteren Tauschhandel und lokale Währungen für die Verrechnung von Gütern und Dienstleistungen.

Der Wert des Geldes

Ehe wir die praktischen Aspekte der Finanzierung ergründen, wollen wir einen Blick auf Ihre persönliche Einstellung zum Geld werfen. Stehen Sie in dem Ruf, verschwenderisch zu sein, oder fällt es Ihnen leicht, Ihr Geld über einen langen Zeitraum zu strecken? Kommt es bei Ihnen öfter vor, dass Sie Geld oder Schecks irgendwo verlieren? Sind Sie eine Spielernatur?

Fällt es Ihnen in Ihrer gegenwärtigen Situation schwer, Ihren Chef oder Ihren Partner um mehr Geld zu bitten? Machen Sie gern Geschenke, empfangen jedoch ungern selbst etwas? Halten Sie es für möglich, dass Sie irgendwo in Ihrem Innern glauben, Fülle in Ihrem Leben nicht verdient zu haben?

Ich möchte jetzt einmal mich selbst als Beispiel nehmen und Ihnen erzählen, wie sich einige meiner Einstellungen zum Geld in meinem Geschäftsleben ausgewirkt haben. Nachdem meine langjährige Ehe mit meinem Geschäftspartner in die Brüche ging, musste ich eine ganze Menge durch Versuch und Irrtum lernen. Ich hatte mich darauf verlassen, dass mein Ex-Mann alle Geldangelegenheiten regelte – etwas, das nur allzu viele Frauen leichthin tun. Sobald ich auf eigenen Füßen stand, musste ich meine Finanzen wieder selber verwalten, und da machte ich ein paar dumme Fehler.

Ich vertraute auf andere Menschen, statt vorsichtig selbst alles zu prüfen. Sie überredeten mich dazu, wider besseres Wissen zu investieren oder gar ihnen Vollmacht über meine Konten zu geben.

Ich ließ andere das Kleingedruckte in Verträgen usw. lesen oder kümmerte mich einfach nicht darum. Ich war nachlässig und zu faul, was finanzielle Details anging. Ebenso, wie ich es versäumte, frühzeitig Computerkenntnisse zu sammeln, überließ ich anderen die Regelung der Finanzen.

Was folgte, hatte ich nicht besser verdient. Aber ich bin klüger geworden. Als ich jetzt in einem anderen Land mit zwei kleinen Unternehmensgründungen einen Neuanfang machte und dabei ein neues, vertrauenswürdiges Beraterteam um mich versammelte, wurde mir klar, dass ich dieses Mal auch mich selbst, meine Arbeit und mein Geld als Kapital werten musste. Seitdem lese ich immer das Kleingedruckte in Verträgen, halte ein wachsames Auge auf die Geldsummen, die ich bei meinen Geschäften einnehme und ausgebe, und lasse mich auf keine unklugen Investitionen mehr ein.

Trotzdem bin ich nach wie vor nicht gerade toll bei finanziellen Verhandlungen. Ich sage zu schnell ja und bereue es hinterher. Wenn ich diesen Zug meiner Persönlichkeit betrachte, erkenne ich darin das Verhaltensmuster des »Gefallenwollens«. Inzwischen übe ich mich darin, alles erst zu überdenken, ehe ich voreilig zustimme.

Das heißt aber nicht, dass ich jetzt im Hinblick darauf, wie ich in geschäftlichen Dingen mit meinem Geld oder meiner Zeit umgehe, gemein oder habgierig handle. Ich bin der Meinung, dass die Leute, die für mich oder mit mir zusammen arbeiten, der Situation entsprechend anständig bezahlt werden müssen. Ich will nur nicht mehr verantwortungslos mit Geld umgehen.

Der Grund, warum ich mich an dieser Stelle über meine Probleme im Umgang mit Geld auslasse, ist der, dass ich sicher bin, nicht allein in dieses Verhaltensmuster zu verfallen. Machen nicht viele von Ihnen ebensolche Fehler im Umgang mit Geld aus reiner Gefälligkeit, aus Faulheit oder Angst oder auch Gutgläubigkeit den falschen Menschen gegenüber?

128.

ÜBUNG
Verhaltensmuster im Umgang mit Geld erkennen

Denken Sie einmal an eine Zeit zurück, als Sie um Geld bitten mussten, das Ihnen zustand. Vielleicht, als Sie eine Gehaltserhöhung wünschten, jemand Ihnen Geld schuldete oder ein neuer Arbeitgeber oder Kunde Sie fragte, wie viel Sie gerne hätten.

Fiel es Ihnen leicht, den Betrag zu nennen, den Sie als angemessen ansahen, oder hatten Sie Schwierigkeiten, sich überhaupt dazu zu äußern? Ist Ihnen bewusst, dass Sie wahrscheinlich Probleme haben, das zu beanspruchen, was Ihnen zusteht?

Schreiben Sie in Ihrem Tagebuch ein paar besonders denkwürdige oder gar schmerzhafte Erfahrungen auf, die Sie gemacht haben, als es um Ihr Geld ging. Zeichnet sich ein bestimmtes Muster ab? Haben Sie – wie viele andere – ein mangelndes Selbstwertgefühl? Falls ja, wird es Zeit für eine radikale Kehrtwende. Ihren eigenen Wert zu erkennen ist ein wichtiger Bestandteil des weiblichen Wirtschaftens.

Marleen McDaniel, Hauptgeschäftsführerin der höchst erfolgreichen Internetfirma *Women.com* mit Sitz in einem Vorort von San Francisco, die ich bei meinen Recherchen für dieses Buch kennen lernte, hat bereits fünf eigene Firmenneugründungen erfolgreich auf den Weg gebracht.

Sie hat mir erzählt, dass sie einen Großteil der Mittel für ihre Unternehmen selbst zusammenbringen musste. Ihr wurden nach eigenen Angaben für jeden Dollar, den sie erhielt, fünf verweigert. »Über die Jahre musste ich Millionen beschaffen, und wenn ich auf Ablehnung stieß, bin ich einfach zum Nächsten gegangen. Man darf im Geschäftsleben nie vergessen, dass es nichts Persönliches ist.«

Marleen hat nie an ihrem eigenen Wert oder dem ihrer Firmen gezweifelt und mit den Jahren erhebliche Summen für sich und Ihre Unternehmen verdient. Sie meint, dass sie ihr Vertrauen von ihren Eltern hat, beides positive Menschen, von denen sie von klein auf in der Überzeugung bestärkt wurde, alles erreichen zu können, was sie wollte.

Viele unserer Verhaltensmuster bei unserer Selbsteinschätzung und im Umgang mit Geld entspringen unserer Beziehung zu unseren Eltern und deren Einstellung zum Geld. Zum Beispiel herrschte vor vierzig oder fünfzig Jahren bei den Eltern der Baby-Boom-Generation die Einstellung vor, dass man hat, was man sich erarbeitet hat, und sich damit zufrieden geben sollte. Eine solche Denkweise würde Sie wahrscheinlich davon abhalten, die eingefahrenen Geleise zu verlassen und etwas ganz Neues schaffen zu wollen.

Manche von uns sind auch bei Eltern aufgewachsen, die von ihren Kindern nicht finanziell überflügelt werden wollten oder die ihren Töchtern nicht genügend Selbstbewusstsein in Sachen Geldverdienen mitgaben. Wie immer es auch um Ihren kulturellen oder familiären Hintergrund bestellt sein mag, jetzt ist es jedenfalls Zeit für Sie, sich darüber klar zu werden, wer Sie sind, und sich entsprechend hoch einzuschätzen.

Es ist Zeit, dass Sie sich täglich Ihren eigenen Wert bestätigen. Dazu gibt es die verschiedensten Möglichkeiten, aber die wirksamste ist die, mehrmals am Tag in Zeiten der Stille die folgende einfache Affirmation zu wiederholen.

Affirmation zur Stärkung des Selbstwertgefühls

»Ich schaffe Werte in allen Bereichen meines Lebens und weiß meinen eigenen wahren Wert zu würdigen. Ich bin bereit, jedes verdiente Lob anzunehmen.«

Womöglich gleichen Sie jedoch, wie viele andere auch, eher Marleen McDaniel und leiden keineswegs unter mangelndem Selbstwertgefühl. Sie haben vielleicht volles Zutrauen zu sich und Ihrem Wert im Universum, sowohl in Geldangelegenheiten als auch im Hinblick auf Ihre Dienstleistungen für Mitmenschen. Unter Umständen ist Ihnen Geld gar nicht so wichtig, höchstens in seiner Funktion als nützliche Energie.

Doch ganz gleich, welche Einstellung zum Geld Sie haben, wichtig ist, sie zu kennen, bevor Sie mit Ihrem Unternehmen beginnen. Wenn Sie Ihr Selbstwertgefühl stärken oder sich ablösen müssen von den Entmutigungen, die Sie in Ihrer Kindheit erfahren haben, sollten Sie der vorigen Affirmation etwas mehr Zeit widmen. Wenn Sie bereits eine gesunde Auffassung von Ihren Fähigkeiten haben und sich zutrauen, Ihr eigenes Geld zu verdienen und zu verwalten, sollten Sie das anerkennen und dankbar einsehen, dass es Ihnen bei der Gründung Ihres Unternehmens nützen kann.

Das Budget

Welche Art von unternehmerischer Tätigkeit Sie auch aufnehmen wollen – selbst wenn es sich um eine ehrenamtliche handelt –, ohne solide finanzielle Grundlage wird sie nicht lange Bestand haben. Alle wirtschaftlichen Aspekte Ihres Unternehmens müssen gut durchdacht und organisiert sein, und Sie müssen weit vorausplanen. Hier die Grundlagen:

- Sie müssen berechnen, wie viel Startkapital Sie für Ihr Unternehmen brauchen und woher das Geld kommen könnte: von Ihren Ersparnissen, von Krediten bei Angehörigen oder Freunden, Investoren, einer Bank oder – worauf viele Kleinunternehmer zurückgreifen – einfach von Ihren Kreditkarten.
- Sie müssen schätzen, welche Kosten jeden Monat auf Sie zukommen und wann Sie mit welchen Einnahmen rechnen können, um die Kosten zu decken.
- Sie müssen überlegen, wie Sie in der Anfangsphase, bis Ihr Unternehmen Gewinn abwirft, Ihre festen Kosten und privaten Ausgaben finanzieren können.

Fangen wir mit den persönlichen Lebenshaltungskosten an. Rechnen Sie aus, wie viel Sie in den ersten sechs Monaten nach Firmengründung für Ihren persönlichen Unterhalt brauchen. Hierzu gehören bestimmte Grundkosten – Miete, Strom, Wasser usw. (bei »Heimarbeit« prozentual ein entsprechender Anteil, der nichts mit dem Unternehmen zu tun hat) – sowie die Kosten für Ernährung, Freizeit, medizinische Versorgung, Transport, Ferien, Kleidung und andere persönliche Ausgaben.

Persönliche Kostenplanung

Stellen Sie eine Liste all Ihrer persönlichen Ausgabenbereiche auf, wobei Sie die nachstehenden Vorschläge als Richtlinie nehmen können. Schreiben Sie als Nächstes die ungefähren Summen daneben, die Sie allmonatlich in dem jeweiligen Bereich ausgeben. Addieren Sie die einzelnen Beträge, multiplizieren Sie die Summe mit 6 und fügen Sie noch 10 Prozent für unvorhergesehene Ausgaben hinzu. Die Endsumme müssen Sie entweder auf der hohen Kante haben, sich durch Kredite verschaffen oder schon in der Anfangsphase mit Ihrem Unternehmen verdienen, um sich sechs Monate über Wasser zu halten.

Privatausgaben

Art der Ausgaben	*geschätzte Kosten pro Monat*
Miete/Hypothek	. . . .
Nebenkosten (Heizung, Strom usw.)	. . . .
Steuern, Versicherungen usw.	. . . .
Kleidung	. . . .
Nahrung	. . . .
Freizeitaktivitäten	. . . .
Ausgaben für die Kinder	. . . .
Krankenkasse, Medikamente usw.	. . . .
Auto-, Transportkosten	. . . .
(Setzen Sie die Liste selber fort)	. . . .

Fügen Sie 10 Prozent für Notfälle hinzu und
multiplizieren Sie die Summe mit 6 (Monaten),
um den Gesamtbetrag zu erhalten.

Total . . . .

Unter Umständen entschließen Sie sich, ein Gehalt für sich selbst einzuplanen, von dem Sie Ihre Privatausgaben und einen Teil der Anfangskosten bestreiten können. Wenn Sie zu Beginn auch noch nicht ganz von Ihrem Unternehmen leben können, empfehle ich Ihnen doch, sich gleich ein regelmäßiges Gehalt zuzubilligen, mag es auch gering sein, damit Sie zumindest Ihre Sozialversicherungsbeiträge und Steuern davon bezahlen können. Dieser Tipp ist einer der besten Ratschläge, die mir mein Steuerberater vor dreißig Jahren gegeben hat, als ich mein eigenes Unternehmen gründete, und er hat heute noch Gültigkeit. Dadurch erfüllen Sie nicht nur alle Ihre Verpflichtungen dem Staat gegenüber, sondern sichern sich auch die entsprechenden Leistungen und erhalten sich zugleich eine gewisse Selbstbestätigung.

Vergessen Sie auch nicht, genügend Geld für Lohnnebenkosten und weitere Steuerzahlungen einzuplanen. Firmenneugründer haben oft besondere Vergünstigungen, aber je nach Unternehmensart, Land oder Staat müssen Sie mit verschiedenen Steuerarten und sonstigen Zahlungsverpflichtungen rechnen, deshalb ist es sinnvoll, gleich dafür vorzusorgen.

Den bisherigen Job noch behalten

Manche Leute schaffen es, ein Unternehmen zu gründen, während sie noch einer Vollzeit- oder Halbtagsbeschäftigung nachgehen. Geben Sie unter keinen Umständen Ihren Job auf, ehe es unumgänglich ist, es sei denn, Sie haben ein gutes finanzielles Rückenpolster (oder sind gar nicht berufstätig). Der richtige Zeitpunkt dafür ist normalerweise gekommen, wenn Sie alle Vorbereitungen getroffen haben und sich der Realisierbarkeit Ihres Unternehmens gewiss sind.

Gehälter (einschließlich Ihres eigenen) und Steuern sind zwei Faktoren, die Sie bei Ihren Gesamtplanungskosten berücksichtigen müssen. Fürs Erste beginnen Sie mit einfachen Geschäftskosten, um die Wirtschaftlichkeit Ihres Unternehmens einschätzen zu können.

Übung
Geschäftskostenplanung

Unterschiedlichste Kosten fallen an und müssen gründlich durchgearbeitet werden, ehe sie in die Unternehmensplanung Eingang finden. Von den meisten müssten Sie sich eigentlich schon einen Begriff machen können.

Wenn Sie die Ausgaben für Werbung, Vertrieb und Öffentlichkeitsarbeit nicht einschätzen können, addieren Sie sie hinzu, nachdem Sie sich in Kapitel 9 und 10 damit befasst haben. Wichtig ist, dass Sie eine grundlegende Kostenaufstellung für alle Arten der betrieblichen Ausgaben anlegen.

Blättern Sie zu Kapitel 6 zurück und lesen Sie dort nach, welche Grundausstattung fürs Büro und welche Geräte für Ihr spezielles Unternehmen Sie benötigen. Machen Sie sich eine Liste all dessen, was Sie brauchen, und tragen Sie die jeweiligen Preise ein.

Kostenvoranschlag: Büro-Grundausstattung

Gegenstand	voraussichtliche Kosten
Computer	. . . .
Drucker	. . . .
Faxgerät	. . . .
Aktenschrank	. . . .
(Ergänzen Sie die Liste nach Bedarf.)	. . . .

Kostenvoranschlag: Spezialgeräte Ihrer Branche

Gegenstand	voraussichtliche Kosten
. . . .	. . . .
. . . .	. . . .
. . . .	. . . .
. . . .	. . . .
. . . .	. . . .
. . . .	. . . .

Inzwischen dürften Sie eine ziemlich klare Vorstellung davon haben, wo Sie Ihre Firma eröffnen wollen und welche Einrichtungsgegenstände Sie dafür brauchen. Und Sie müssten wissen, welche Ausgaben in Form von Miete, Steuern, Nebenkosten, Telefon usw. auf Sie zukommen. Listen Sie die mit Ihrem »Firmensitz« verbundenen Kostenfaktoren wie unten angegeben auf, indem Sie sie in »monatliche Ausgaben« und »einmalige Ausgaben« trennen, und schreiben Sie jeweils die ungefähren Kosten daneben.

Kostenvoranschlag: Firmensitz

Monatliche Kosten

Art der Ausgaben	Betrag
Miete	. . . .
Gewerbesteuern und Gebühren	. . . .
Strom, Gas, Wasser	. . . .
Porto	. . . .
Telefongebühren	. . . .

Einmalige Ausgaben

Kaution	. . . .
Dekoration	. . . .
Möbel usw.	. . . .
Total	. . . .

Falls Sie so etwas wie Kurier-, Taxi- oder Postdienste brauchen, dürfen Sie auch diese Kosten bei Ihrer Planung nicht vergessen. Das sind oft »versteckte Ausgaben«, weil man sie so leicht übersieht. Machen Sie sich eine Liste von allen Bereichen, in denen versteckte Kosten anfallen könnten, die Sie einkalkulieren müssen. Im Folgenden einige Beispiele:

Versteckte Kosten

Art der Ausgaben	jährlicher Betrag
Bücher und Presseerzeugnisse	. . . .
Kuriere, Taxen	. . . .
Reisen	. . . .
Drucken, Fotokopien	. . . .
Mitgliedsbeiträge für Wirtschafts-verbände	. . . .
. . . .	. . . .
. . . .	. . . .

Rechnen Sie nun aus, wie viel Sie monatlich voraussichtlich für Angestelltengehälter (einschließlich Ihres eigenen) ausgeben müssen. Wenn Sie die Dienste eines Steuerberaters oder Wirtschaftsprüfers in Anspruch nehmen, werden Sie Hilfestellung bei der Frage bekommen, wie hoch Sie die Lohnnebenkosten und andere fällige Zahlungen ans Finanzamt ansetzen müssen.

Gehälter und Steuern

MitarbeiterInnen	Betrag
. . . .	. . . .
. . . .	. . . .
. . . .	. . . .
. . . .	. . . .
. . . .	. . . .
. . . .	. . . .

Finanz- und RechtsberaterInnen finden

Außerdem fallen noch die Kosten für Leute an, die nicht zur Belegschaft gehören – Steuerberater, Juristen und andere. Ihr erster Tagesordnungspunkt sollte sein, sich ein Team von Finanz- und Rechtsberatern zu suchen. Persönliche Empfehlungen sind immer der beste Weg, gute Berater zu finden, fragen Sie also Freunde, Angehörige und Geschäftspartner danach, bei wem sie sich Rat holen und ob die Betreffenden auch bei Firmenneugründungen kompetent sind.

Schreiben Sie sich die Telefonnummern der Berater auf, die am ehesten für Sie in Frage zu kommen scheinen, und machen Sie einen Termin aus, wobei Sie darauf achten sollten, dass Ihr erstes Gespräch gratis ist. Denken Sie daran, dass Rechts- und Finanzberater spezialisiert sind, damit Sie auch wirklich die auswählen, die fachlich für Ihr spezielles Unternehmen geeignet sind. Und achten Sie darauf, dass die Chemie zwischen Ihnen stimmt. Sie wollen bestimmt, dass diejenigen, die mit Ihnen zusammenarbeiten, Sympathie für Ihre Vision haben und darüber hinaus freundlich und zugänglich sind.

Juristen, Wirtschaftsprüfer und Finanzberater werden nach Stunden, Pauschalsätzen oder Gebührenordnungen bezahlt, und die Honorare schwanken enorm. Prüfen Sie sie sorgfältig nach und achten Sie auf versteckte Kosten oder Spesen, die möglicherweise in Rechnung gestellt werden. Je größer die betreffende Firma und je zentraler ihr Büro gelegen ist, umso höher sind im allgemeinen ihre Gebühren.

Versuchen Sie, eine kleine Beraterfirma zu finden, die Ihnen den benötigten guten Rat zu einem Preis gibt, den Sie bezahlen können. Fragen Sie nach, wie viel Zeit sie im ersten Jahr schätzungsweise auf Ihr Unternehmen wenden müssen einschließlich der Regelung aller Rechtsangelegenheiten, des handelsgerichtlichen Eintrags Ihrer Firma, des Schutzes eines Markennamens, falls erforderlich, sowie aller weiteren juristischen und finanziellen Probleme, die auf Sie zukommen.

Rechnen Sie die Gesamtkosten dafür aus und zählen Sie sie zusammen mit den von den Beratern geschätzten Steuern und Gebühren und Kosten für die Registrierung zu Ihrem Kostenplan hinzu, wie unten angegeben. Fragen Sie Ihren Wirtschaftsprüfer auch, ob Sie möglicherweise einen Buchhalter einstellen sollten.

Manchmal ist es sinnvoller, sich mit Hilfe professioneller Berater anfangs selbst um die Geldangelegenheiten zu kümmern und erst dann einen Teilzeitbuchhalter zu engagieren, wenn das Unternehmen schon einigermaßen sicher begründet ist.

Falls Sie noch keinerlei praktische Erfahrungen in der Finanzplanung haben, wäre es sinnvoll, einen Crash-Kurs bei der VHS oder einer anderen Bildungseinrichtung zu belegen, damit Sie die Grundlagen der Buchhaltung erlernen oder sich generelle Managementkenntnisse aneignen können. Ich selbst habe seit meiner Sekretärinnenausbildung vor über dreißig Jahren buchhalterisches Know-how, das mir schon bei der Gründung meiner ersten Agentur sehr zustatten kam.

Eine gute Seite der modernen Technik ist die, dass es Computer-Software im Handel gibt, die Ihnen viele kaufmännische Arbeiten erleichtern kann. Wie dem auch sei, schätzen Sie die voraussichtlichen Belastungen ab, und vergessen Sie nicht, dass es heute auch preiswerte Buchhaltungsdienste gibt, die sich um Ihre Löhne und Gehälter, Steuern und Sozialausgaben kümmern. Einer Ihrer Berater wird Ihnen dabei helfen können, die Zinskonditionen für Ihren Bankkredit zu ermitteln, sodass Sie auch diese Kosten in Ihren Unternehmensplan aufnehmen können.

Rechts- und Finanzberatungskosten

Ausgaben	Betrag
Wirtschaftsprüferin	. . . .
Handelsgerichtliche Kosten	. . . .
Buchhalterin, Lohnbuchhaltungsdienst	. . . .
Buchhaltungssoftware	. . . .
Bankgebühren und Zinsen	. . . .

(siehe auch den folgenden Abschnitt »Das nötige Startkapital«)

Last not least entstehen Ihnen noch Produktkosten. Wenn Sie einen Dienstleistungsbetrieb eröffnen wollen, müssen die verschiedensten Aspekte der Dienstleistung, die Sie anbieten möchten, kalkuliert werden, darunter viel Immaterielles. Zum Beispiel müssen Sie Ihre Erfahrung und Begabung zum derzeitigen Marktwert veranschlagen und außerdem festlegen, wie viel Ihre Zeit nach Stunden oder Tagen kostet.

Wenn Sie daran denken, in der Warenfabrikation oder im Einzelhandel tätig zu werden, wird die Sache noch komplizierter. Falls Sie beispielsweise etwas herstellen, sollten Sie zusätzlich Ihre Stückkosten zusammenrechnen, worin natürlich auch die Fixkosten enthalten sein müssen, und dann Ihre Gewinnmarge hinzuzählen. Der Groß- oder Einzelhandelspreis hängt aber auch davon ab, wie viel Sie für Ihr Produkt verlangen können. Um Ihnen einen Anhaltspunkt zu geben: Die meisten Hersteller schlagen je nach Gewerbe 50 bis 80 Prozent ihrer Produktionskosten auf ihren Großhandelspreis, und der Endverkaufspreis kann dann noch einmal 50 bis 100 Prozent höher liegen.

Das heißt, Sie müssen sich unbedingt gut informieren. Sie müssen Läden und Fachausstellungen besuchen, um herauszufinden, wie Ihre Preise sein müssten. Wenn das, was Sie herstellen, unter den Begriff »Design« fällt, richtet sich der Preis vor allem danach, was der Markt dafür zu zahlen bereit ist. Sie werden schnell merken, ob Ihre Preisgestaltung richtig war.

Ein Freund von mir, der Silberschmuck herstellt, verkauft seine sehr originelle Kollektion in Japan zu einem viel höheren Preis, als sie ihrem Silbergehalt nach eigentlich wert ist, und trotzdem stehen die modebewussten Japaner in Tokio Schlange wegen des exquisiten Designs – und weil alle dortigen Rockstars sie tragen!

Wenn Sie die ersten Vorauskalkulationen fertiggestellt haben, sollten Sie sie in Ihrem Finanzordner abheften oder noch besser im Computer abspeichern, wo sie immer auf den neuesten Stand gebracht werden und schließlich in Ihren Finanzplan einfließen.

Das nötige Startkapital

Viele von uns haben wunderbare Ideen für eine Firmengründung, doch dann lähmt sie die wichtige Frage: »Aber wie soll ich das Startkapital zusammenbringen?« Die Antwort ist sicherlich für jeden Einzelnen eine andere und hängt davon ab, wie viel man braucht. Vielleicht schafft man es aus eigenen Kräften oder nimmt die Hilfe von Familienangehörigen, dem Partner oder Freunden an. Oder man muss die nötigen Mittel bei einem Geldinstitut holen.

Es gibt die verschiedensten Geldinstitute, angefangen bei den örtlichen Filialen der drei Großbanken über die Sparkassen und Volksbanken bis hin zu Privatbanken, Ökobanken und anderen speziellen Kreditinstituten. Und alle wollen sie von Ihnen einen Nachweis Ihrer Finanzplanung. Selbst Ihre Verwandten und Bekannten werden von Ihnen fundierte Angaben verlangen, wie Sie Ihr Unternehmen aufziehen und einen Gewinn erzielen wollen.

Auch das ist ein Grund dafür, warum es so wichtig ist, wie in Kapitel 9 beschrieben, einen Finanzplan aufzustellen, um jedem, den Sie um Geld angehen, zu zeigen, dass Ihr Unternehmenskonzept Gewinn verheißend ist.

Die Wahl der Bank

Wenn Sie gute Beziehungen zu Ihrer derzeitigen Bank unterhalten, sollten Sie einen Termin mit deren Leiter oder einem leitenden Angestellten machen und Ihre Pläne in groben Zügen vortragen. Achten Sie darauf, wie er oder sie darauf reagiert, und erklären Sie, dass Sie gern noch einmal über die Sache reden würden, sobald Sie Ihr Geschäftsvorhaben und Ihren Finanzplan schriftlich fixiert haben. Sprechen Sie, wenn die Reaktion positiv ist, über die Zinssätze für langfristige Kredite, und vergewissern Sie sich dabei, wie flexibel Ihr Gesprächspartner ist. Vergessen Sie nicht, dass Zinsen und Gebühren fortlaufende Betriebskosten für Sie sind, die zu den Anfangsausgaben hinzukommen.

Machen Sie sich aber auf einiges gefasst; Banken geben im Allgemeinen Frauen nur ungern Kredit. Wie Sie bestimmt wissen, wenn Sie je einen Kredit aufnehmen mussten, konzentrieren sich die Fragen auf den Kreditanträgen der Banken viel stärker darauf, ob Sie ledig oder verheiratet sind, als auf Ihre Fähigkeiten, erfolgreich ein Unternehmen zu führen. Natürlich ist dieses Vorurteil gegen Frauen bei Banken überall auf der Welt anzutreffen, in den USA ebenso wie in Europa oder in der Dritten Welt. Meine Freundin Nell Mellino, New Yorker Werbestrategin, ist gerade dabei, eine gemeinnützige Organisation mit dem Namen »Vertrauen in Frauen« ins Leben zu rufen. Diese Organisation will Frauen in ganz USA die Möglichkeit geben, mit nur jeweils fünf Dollar im Jahr gemeinsam einen Geld-Pool und eine unabhängige Kapitalquelle zu schaffen. Das Geld wird Frauen für eine Ausbildung in Wirtschaft und Technik und für kleine Geschäftskredite zur Verfügung stehen.

Das ist etwas, das meines Erachtens überall neue Möglichkeiten schaffen kann. Es gleicht einigen der besten Kleinstkreditprogramme, wie sie gegenwärtig in Asien laufen und wozu zum Beispiel SEWA gehört – Self-Employed Women's Association –, ein Verband selbständiger Kleinunternehmerinnen, der seit über dreißig Jahren in Nordindien existiert.

Dort haben die Frauen eine eigene Bank aufgebaut, halten Gruppenkurse für viele Unternehmens- und Wirtschaftsbereiche ab und haben ein eigenes Versicherungssystem, obwohl sie überwiegend Analphabetinnen sind und zu den ärmsten Frauen des Landes zählen. Es sind die Straßenhändlerinnen, Lumpensammlerinnen und Tagelöhnerinnen auf Baustellen, die oft schon in frühester Jugend verheiratet wurden, die Kinder haben, während sie selbst noch Kinder sind, und die von ihren Ehemännern als Sklavinnen betrachtet und ausgenützt werden.

Aber indem sie zusammenarbeiteten und sich gegenseitig unterstützten, haben sie unter der kraftvollen Führung der Gewerkschafterin, Anwältin und früheren Gandhi-Anhängerin

Ella Bhat ihr Leben und das Leben ihrer Kinder in die eigenen Hände genommen und für sich und ihre Gemeinschaften neue wirtschaftliche Werte geschaffen.

Ich habe Ella Bhat bei verschiedenen Gelegenheiten getroffen, Vorträge von ihr gehört und die Hauptniederlassung von SEWA in der nordindischen Stadt Ahmedabad besichtigt. Ich war sprachlos und zutiefst bewegt davon, wie diese Hunderte und Tausende von geschäftstüchtigen Frauen sich auf die eigene Kraft besonnen haben und einander unterstützen.

Wenn Nells Projekt wie die anderen bereits existierenden Kleinstkreditprogramme gut angelaufen ist, werden wir eine Haltungsänderung der Banken gegenüber Frauen erleben. Da Frauen die am schnellsten wachsende Gruppe von Jungunternehmern sind, wäre es auch unverständlich, wenn die Banken sich anders verhielten.

Bis dahin jedoch müssen Sie das persönliche Gespräch mit den für eine Kreditvergabe zuständigen leitenden Angestellten der Bank suchen, von der Sie sich Geld leihen wollen. Finden Sie heraus, wie sie gegenüber unternehmerisch tätigen Frauen eingestellt sind, wie flexibel Kreditüberschreitungen gehandhabt werden und wie freundlich man generell ist. Achten Sie darauf, dass Sie möglichst viele der Entscheidungsträger Ihrer Bank kennen lernen, und versuchen Sie in unserer heutigen unpersönlichen Zeit so etwas wie persönliche Beziehungen zu den Betreffenden herzustellen.

Einen Bankkredit zu erwirken ist nicht leicht, sorgen Sie deshalb rechtzeitig für Sicherheiten, unter Umständen durch eine Bürgschaft. Setzen Sie möglichst nicht Ihr Haus als Sicherheit ein, schon gar nicht, wenn Sie eine junge Familie haben. Diesen fatalen Fehler habe ich einmal begangen, als ich mit meinem früheren Mann zusammen ein riskantes Modegeschäft aufmachte. Als Sicherheiten kommen Vermögensanteile, Versicherungspolicen, die Altersversorgung, Schmuck und Kunstwerke in Frage. Oder ein naher Verwandter – Eltern oder Ehepartner – bürgt für Ihre Kreditwürdigkeit. Riskieren Sie nicht mehr, als Sie sich leisten können zu verlieren!

Privatinvestoren und andere Geldgeber

Bei einer Bank einen Kredit aufzunehmen ist nicht die einzige Möglichkeit, ein geplantes Unternehmen zu finanzieren. Die meisten von uns kennen Leute, die der Idee, in ein Geschäftsvorhaben zu investieren, durchaus nicht abgeneigt sind: der sprichwörtliche »reiche Onkel« zum Beispiel, der an uns glaubt, oder Freunde und Verwandte, die zwar ebenfalls an uns glauben, aber vielleicht nur in bescheidenem Maße in uns investieren können.

Passen Sie auf, wenn Sie Freunde, Liebhaber und Nachbarn als Finanzpartner anwerben. Nehmen Sie zuerst einmal Ihr Verhältnis zu dem oder der Betreffenden unter die Lupe und überlegen Sie, ob Sie überhaupt so gut mit ihm oder ihr klarkommen, dass Sie eine geschäftliche Beziehung eingehen wollen. Denken Sie zweitens daran, dass selbst die besten Freunde und Liebhaber unberechenbar reagieren, wenn's um Geld und Geschäft geht.

Wollen Sie wirklich, dass Ihre Eltern, Freunde oder Liebhaber Ihnen ständig im Nacken sitzen wegen einer Investition? Wenn solche nahe stehenden Personen Ihre Kreditgeber werden, sollten Sie, sofern Sie nicht an deren Mitarbeit interessiert sind, sehr deutlich machen, dass Sie vollständige Autonomie wünschen. Halten Sie Besprechungen stets diszipliniert und professionell ab. Achten Sie darauf, dass die Leute, die Ihnen Geld geben, sich über das Risiko, das sie eingehen, vollkommen klar sind und den Verlust tragen können, falls etwas schief geht.

Es gibt noch andere Möglichkeiten, außerhalb des Freundes- und Familienkreises Investoren zu finden, die sich vielleicht gern an einem Unternehmen wie Ihrem beteiligen wollen. In Frage kommen beispielsweise auch Investitionsbanker, reiche Industrielle, spekulationsfreudige Anleger und kapitalstarke Stiftungen oder Verbände. Zu finden sind sie durch die Handelskammern, durchs Internet oder durch Empfehlungen im Freundes- und Bekanntenkreis.

Allerdings kann diese Art der Unternehmensfinanzierung teuer werden, weil Sie wahrscheinlich eine hohe Sicherheit und hohe Zinsen oder Beteiligungen bieten müssen. Wenn Sie jedoch hohe Kredite brauchen, sollten Sie alle gangbaren Wege nutzen.

Sprechen Sie auch bei örtlichen oder überregionalen Unternehmerverbänden und staatlichen Stellen vor, die Ihnen verschiedene Finanzierungsmöglichkeiten aufzeigen und Ihnen sagen können, an wen Sie sich wenden müssen. Darüber hinaus gibt es mancherorts besonders frauenfreundliche Sparkassen und Volksbanken. Eine große Hilfe bei der Mittelbeschaffung ist auf jeden Fall das Internet. Wenn Ihr Geschäftsvorhaben gemeinnütziger oder sozialer Art ist, können Sie dort beispielsweise nach Stiftungsgeldern oder staatlicher Förderung suchen.

Sie können mit Ihren künftigen Geldgebern die verschiedensten Vereinbarungen treffen von den Formen der Partnerschaft mit anteiliger Geschäftseinlage (geben Sie keinesfalls mehr als 49 Prozent aus der Hand, wenn Sie die Kontrolle behalten wollen!) bis hin zu kurz- oder langfristigen Krediten, die samt Zinsen zurückgezahlt werden müssen.

Möglichkeiten zum Geldsparen

Seien Sie kreativ im Einsparen, wenn Sie Ihren Finanzplan aufstellen. Im Folgenden sind verschiedene Möglichkeiten aufgeführt, wie Sie Kosten senken können. Achten Sie auf weitere Einsparmöglichkeiten, wenn Sie erst einmal über die Anfangsphase hinaus sind.

- Stellen Sie Studenten als Aushilfskräfte oder Praktikanten ein, sodass Sie die Kosten für einen vollbeschäftigten Mitarbeiter sparen können.
- Machen Sie von den vielen billigen Telefongesellschaften Gebrauch.
- Sammeln Sie Vielfliegermeilen an.
- Prüfen Sie, ob Ihr Berufsverband kooperative Einkaufsmöglichkeiten anzubieten hat.
- Suchen Sie nach günstigen Leasingangeboten.
- Stöbern Sie immer im Internet nach Sonderangeboten.
- Gestalten Sie Ihre Kreditbedingungen so vorteilhaft wie möglich, ob Sie nun auf Kredit kaufen oder auf Kredit liefern. Damit verbessern Sie Ihren Cashflow.

142.

Lokale Währungen und Tauschbörsen

Während wir, die wir in der Ersten Welt leben, ins 21. Jahrhundert hinübergewechselt sind, geht uns allmählich auf, welchen Stellenwert Ethik, Vertrauen und Gemeinwohl eigentlich haben müssten. Viele von uns lassen sich durch Programme an ihrem Wohnort dazu anregen, kreative ökonomische Ideen in die profitorientierte Mainstream-Wirtschaft einzuführen. Vielleicht gibt es auch für Sie bei Ihrer Unternehmensplanung Möglichkeiten, zum Beispiel Gegenwert- und Tauschhandelspraktiken mit einzubeziehen. Die folgenden Geschichten können Ihnen als Inspiration dienen.

Ithaca im Staat New York druckt seit 1991 eine eigene Währung. Das Papiergeld namens **»Ithaca Hours«** wird von 370 Geschäften, Firmen und Dienstleistungsbetrieben im Umkreis von dreißig Kilometern um die Stadt akzeptiert. Eine »Ithaca-Stunde« entspricht einer durchschnittlichen Arbeitsstunde oder zehn Dollar.
Paul Glover, der Initiator des Ithaca-Hours-Programms, beschreibt das so: »Eine staatliche

Zehn-Dollar-Note kommt in die Stadt, wechselt ein paarmal den Besitzer und geht wieder. Eine Ithaca-Stunde bleibt bei uns.« Mit anderen Worten: Die Ithaca-Hours regen die Bevölkerung dazu an, bei ortsansässigen Händlern einzukaufen statt bei Supermarktketten, die ortsfremden Konzernen gehören. Auf den Ithaca-Scheinen steht denn auch: »Ithaca-Hours regen das Geschäft vor Ort an, weil unsere Mittel immer wieder in den Ort zurückfließen. Die Währung ist durch echtes Kapital gedeckt – durch unsere Fähigkeiten, unsere Zeit, unser Werkzeug.«

Inzwischen gibt es über vierzig weitere Städte in den USA mit eigener Währung, zum Beispiel die Gemeinschaft von Künstlern, Einzelhändlern, Handwerkern und Dienstleistern im Raum Mendocino an der nordkalifornischen Küste. Sie nennen ihre Währung zufälligerweise auch SEED, wobei diese Abkürzung bei ihnen für *Self-Sufficient Ecological Economic Development* – »unabhängige ökologisch-wirtschaftliche Entwicklung« – steht.

LETS (Local Exchange and Trading System – »örtliches Tausch- und Handelssystem«) ist ein Netzwerk von Leuten, die sich auf ein bestimmtes Tauschhandelssystem geeinigt haben. Ihm liegt das Prinzip zu Grunde, dass jeder für seine Arbeit angemessen entlohnt wird. Es wurde Ende der siebziger Jahre in British Columbia, Kanada, von dem Akademiker David Weston entwickelt und Anfang der achtziger Jahre von dem Kanadier Michael Linton in der ganzen Welt verbreitet.

In Deutschland entstanden lokale Tauschsysteme nach dem Vorbild der LETS ab etwa 1993. Vorreiter war hier der »dömak«-Tauschring in Halle. 1995 wurden zehn deutsche Tauschring-Initiativen gezählt, inzwischen sind es weit über 200.

Anfang der neunziger Jahre gründeten Jane Wilson und Diana McCourt in der Upper West Side von New York **Womanshare** – eine Gemeinschaftsbank für Frauen, die nicht nur ihre jeweiligen Fähigkeiten, sondern auch ihre Lebensfreude miteinander teilen wollen, wie in ihren Statuten steht. Ihre Idee hat sich sehr rasch überall in den USA verbreitet.

Auch dieses System ist inzwischen in Großbritannien angekommen. Eine Gruppe von 150 Asiatinnen aus Leicester hat mit Hilfe von *Let's Link U.K.* den Verband *Narri Lets* gegründet. Die Frauen treffen sich, um sich gegenseitig Rückendeckung zu geben und zu unterstützen, wie sie es von ihren Großfamilien und Gemeinschaften zu Hause gewöhnt sind.

Wie wär's, wenn Sie wenigstens einmal den Versuch machten, bei Ihrer Geschäftsgründung mit Zulieferern einen Tauschhandel in irgendeiner Form abzuschließen? Ich habe oft mit PR-Ratschlägen ausgeholfen im Gegenzug für kreative Arbeit oder in meiner Branche

MANIFEST ABUNDANCE IN ALL AREAS OF MY LIFE

notwendiges Gerät, eine Win-Win-Situation, wie Hazel Henderson sagt, bei der jeder nur gewinnen kann.

Beim Tauschhandel werden Güter oder Dienstleistungen mit anderen Gütern oder Dienstleistungen »bezahlt«, sodass weder Geld noch eine lokale Währung gebraucht werden. Das kann entweder informell vonstatten gehen wie bei mir, oder indem man mit einer Gruppe von Menschen ein entsprechendes Netzwerk bildet.

Barter Business Network.com ist leicht zu finden im Internet, und die Firma verspricht, dass man durch sie Geschäftsbeziehungen anknüpfen kann, die dem eigenen Unternehmen förderlich sind. Ähnlich wie ein Heiratsvermittler bringt sie einen mit dem richtigen Tauschhandelspartner zusammen. Sie ist allerdings bisher nur in den Vereinigten Staaten weithin aktiv.

Laut *Barter Business* sind 60 Prozent der *Fortune-500*-Firmen, der 500 weltgrößten Handelsgesellschaften, gegenwärtig in irgendeiner Art von Tauschgeschäft involviert.

Ich bin sicher, dass der Tauschhandel innerhalb einer Gemeinschaft wie auch durch das Internet in Zukunft eine der wichtigsten Veränderungen für Wirtschaft und Kleinunternehmen sein wird.

Meine Freundin Peggy Horan, die in Big Sur an der kalifornischen Küste wohnt, hat mir erzählt, dass sie und ihre Partnerin jahrelang Hebammendienste in der Region geleistet haben und dafür in Nahrungsmitteln und Naturalien bezahlt wurden.

An der *Orchard School*, einer privaten Gemeinschaftseinrichtung in Aptos, Nordkalifornien, bezahlen die Eltern die Schulgebühren durch entsprechende Dienstleistungen wie Mitarbeit in der Verwaltung, Unterrichten in speziellen Fächern oder Instandhaltung des wunderschönen Geländes und der kleinen Farm, an der die Kinder ihre Freude haben.

Die Kontrolle über die Finanzen

Geld ist eine komplizierte Sache und müsste eigentlich, wie viele der Themen dieses Buches, in einem gesonderten Buch behandelt werden. Meines Erachtens ist es jedoch vor allem wichtig, Geld einzunehmen, sich aber nicht vom Geld vereinnahmen zu lassen. Geld ist bloß eine Energie und dazu da, in Umlauf gebracht und benutzt zu werden.

<< *Fülle in allen Bereichen des Lebens erstreben.*

Einige der »bedürftigsten« Menschen, die ich je kennen gelernt habe und die anscheinend unentwegt von Geldsorgen geplagt werden, sind sehr Reiche. Und einige der großzügigsten und gastfreundlichsten Menschen, die ich kenne, verfügen nur über ein sehr geringes Einkommen. Es ist im Grunde eine Frage der Nachhaltigkeit und Ausgewogenheit.

Claudia Duenas aus Los Angeles ist Rocksängerin, selbständige Managerin, eine weise junge Göttin und Freundin, die mehrere kleine Geschäftsunternehmen berät, darunter auch mich. Sie hält es für das Wichtigste, andere so zu behandeln, wie man selbst behandelt werden möchte, an seinen finanziellen Prinzipien festzuhalten und den Bedürfnissen anderer nach Möglichkeit Vorrang zu geben – »das zahlt sich immer irgendwann aus«, sagt sie.

Claudia ermutigt mich immer dazu, meinen Kunden gegenüber stets meinen Prinzipien treu zu bleiben, was finanzielle und rechtliche Vereinbarungen betrifft. Allen Jungunternehmerinnen gibt sie stets den praktischen Rat, in finanziellen Dingen unbedingt den Überblick zu behalten und nicht zu vergessen, Geld für die Krankenversicherung, für die Altersvorsorge und für steuerfreie Investitionen abzuzweigen.

146. Fülle erstreben

Ich habe immer fest daran geglaubt, dass jeder in seinem Leben die Fülle manifestieren kann. Ich habe jahrelang eine Form des japanischen Buddhismus praktiziert und jeden Tag Rezitationen angestimmt, um bestimmten Dingen in meinem Leben greifbare Wirklichkeit zu verleihen. Gewiss, ich habe dadurch eine Menge erreicht, aber ich habe mich auch so konzentriert und so stark Kontrolle ausgeübt, dass mir des Öfteren etwas zufiel, was ich zwar haben wollte, aber gar nicht brauchte. Die alte Leier! Ich vergaß, für Veränderungen offen zu bleiben und mit meinem inneren Energiestrom mitzufließen.

Mit positivem Denken, zielgerichteter Konzentration und klarer Intention lässt sich fast alles erreichen – solange man loslassen kann und die abschließende Arbeit dem größten aller Schöpfer überlässt.

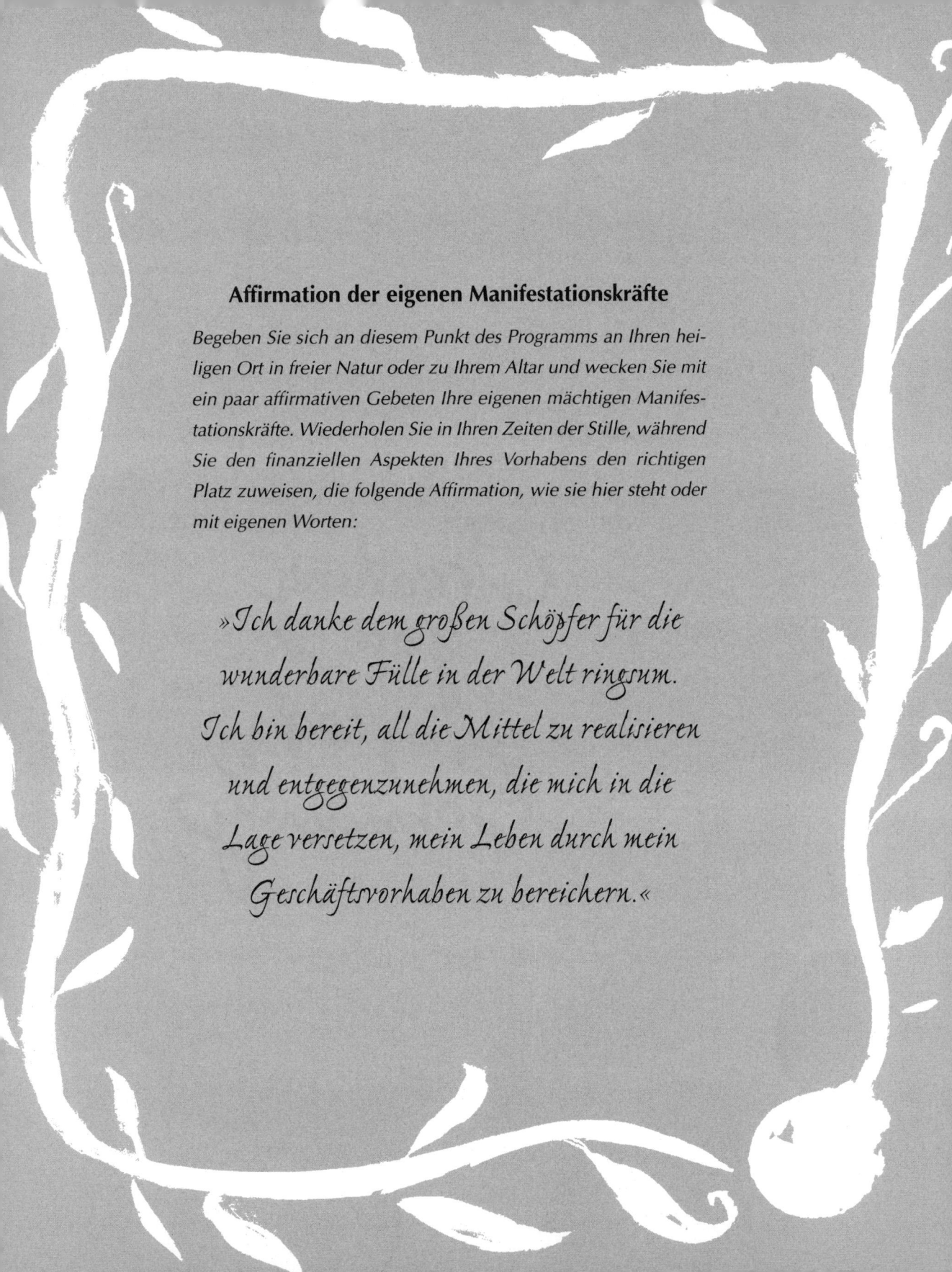

Affirmation der eigenen Manifestationskräfte

Begeben Sie sich an diesem Punkt des Programms an Ihren heiligen Ort in freier Natur oder zu Ihrem Altar und wecken Sie mit ein paar affirmativen Gebeten Ihre eigenen mächtigen Manifestationskräfte. Wiederholen Sie in Ihren Zeiten der Stille, während Sie den finanziellen Aspekten Ihres Vorhabens den richtigen Platz zuweisen, die folgende Affirmation, wie sie hier steht oder mit eigenen Worten:

»Ich danke dem großen Schöpfer für die wunderbare Fülle in der Welt ringsum. Ich bin bereit, all die Mittel zu realisieren und entgegenzunehmen, die mich in die Lage versetzen, mein Leben durch mein Geschäftsvorhaben zu bereichern.«

Kapitel 8

Creating your Seed Community

DIE SEED-GEMEINSCHAFT

Jetzt entscheiden Sie, wen Sie in Ihrer Nähe oder in Ihrem Garten haben wollen.

Wollen Sie Ihr Unternehmen allein führen oder mit aktiven Teilhabern zusammen? Brauchen Sie MitarbeiterInnen? Welche Netzwerke geben Ihnen Rückhalt und Unterstützung? Wie können Sie sich in ein Team oder eine Gemeinschaft einfügen und trotzdem selbständig arbeiten?

Wir Menschen sind Stammeswesen, die in einer separatistischen Gesellschaft leben. Wir haben das Grundbedürfnis, uns zusammenzutun. Überall auf der Welt wohnen immer mehr von uns in der Anonymität, die große Städte mit sich bringen. Großfamilie und Stammesverband, diese Teile unserer wahren Natur, die nur noch in den Dörfern der Entwicklungsländer zu finden sind, sind uns verloren gegangen.

Geschäftsbeziehungen ersetzen vielen die Großfamilie, und Kollegen und berufliche Kontakte haben oft einen zentralen Stellenwert für uns. Ich bin sicher, dass dies bei mir – trotz herzlicher, liebevoller Familienbande und vieler Feunde – einer der Gründe war, ein neues Unternehmen zu gründen.

150.

Nachdem ich meine erste Agentur verkauft hatte, musste ich alle Kraft zusammennehmen, um mich wieder daran zu gewöhnen, allein zu arbeiten. Ich hatte das Gefühl der Gemeinsamkeit genossen, das sich aus der Arbeit mit vielen Menschen zusammen ergibt, die allmählich enge Freunde geworden waren. Außerdem macht es mir Spaß, ein Team im kreativen Prozess zu leiten, in dessen Verlauf gemeinsame Ideen entwickelt und auf ihre Umsetzbarkeit geprüft werden.

Diejenigen von Ihnen, die das Angestelltendasein hinter sich lassen und ein eigenes Unternehmen gründen wollen, werden es anfangs vielleicht schwierig finden, auf sich selbst gestellt zu sein. Selbst für sich und Ihr Unternehmen verantwortlich zu sein ist etwas ganz anderes, als im Angestelltenverhältnis tätig zu sein, wo Sie Rückhalt durch Kollegen, Chefs und Gruppenentscheidungen bekommen.

Wenn Sie ein Unternehmen gründen wollen und bisher überwiegend für die Familie da waren, wird es Ihnen wahrscheinlich leichter fallen, allein zu arbeiten. Alleinverantwortlich zu sein für Termine, Haushaltsgeld und die gesamte Organisation innerhalb der Familie ist, wie zu Anfang schon erwähnt, eine gute Voraussetzung für selbständiges Unternehmerinnentum.

Falls Sie jedoch zur Zeit in einer kleinen Firma arbeiten und dort aufhören wollen, um endlich Ihr eigenes Unternehmen aufzuziehen, wissen Sie, dass die Arbeit mit dem richtigen Team, sofern die Chemie stimmt, ein ausgesprochenes Vergnügen sein kann.

Selbst wenn Ihr Unternehmen im Wesentlichen ein Eine-Frau-Betrieb ist, müssen Sie nicht unbedingt ganz allein arbeiten. Es gibt die verschiedensten Möglichkeiten, sich mit anderen zu vernetzen, was den Radius Ihres Unternehmens erweitert und die Arbeit viel erfreulicher gestalten kann.

In diesem Kapitel wollen wir uns eine Reihe von Möglichkeiten anschauen, andere Menschen in Ihr Unternehmen einzubeziehen – damit es wächst und schließlich Teil einer größeren SEED-Gemeinschaft wird.

Die PartnerInnen

Sich GeschäftspartnerInnen oder TeilhaberInnen zu suchen kann, wie bereits erwähnt, rein finanziell begründet sein. Solche PartnerInnen sind letztlich Investoren, die selten etwas mit dem normalen Unternehmensalltag zu tun haben.

Oft sprechen allerdings ganz praktische Erwägungen für eine andere Art von Partnerschaft. Unter Umständen müssen Ihre Begabungen und Talente durch die Fähigkeiten eines anderen Menschen ergänzt werden. Und vielleicht genießen Sie ja auch die Teilung der Verantwortung.

Bei der Auswahl des idealen Geschäftspartners sollten Sie erst in zweiter Linie an gute Freunde, Angehörige und Ehepartner denken. Wenn die Betreffenden bereits eine enge Privatbeziehung zu Ihnen haben, werden meist viele Altlasten mit in die Geschäftspartnerschaft eingebracht, die in jeder Hinsicht zusätzlichen Druck bedeuten können. Ausgewogene Partnerschaften funktionieren besser, wenn die Beziehungen rein geschäftlicher Natur sind.

GeschäftspartnerInnen können sich als ziemlich enttäuschend erweisen, besonders wenn es sich gleichzeitig um den Liebespartner handelt. Mein Ex-Mann und ich konnten eine Zeit lang recht gut zusammenarbeiten, als er einige Jahre nach der Gründung in meine Agentur eintrat. Allerdings litt unsere Ehe darunter, da sich alle Gespräche zu Hause um das Geschäft drehten. Ich weiß noch, dass unsere Kinder oft hinten im Auto saßen und uns baten, endlich aufzuhören, ständig nur vom »Geschäft« zu reden. Hätte ich doch bloß darauf gehört, vermutlich hätte ich dann mehr von meiner Ehe gehabt.

Bei den ersten Verhandlungen mit Ihrem Geschäftspartner müssen Sie festlegen, wie hoch die jeweilige Beteiligung sein soll. Wenn Sie beide die gleiche Geldsumme investieren und bei der Geschäftsführung die gleiche Verantwortung und Kompetenz haben, wäre es sicher fair, auch gleiche Geschäftsanteile zu besitzen.

Sollten Sie jedoch ausgeprägte Führungsqualitäten haben, dürfte Ihnen ein gleichwertiger

Partner, mit dem Sie alle Entscheidungen in allen Einzelheiten abklären müssen, nicht unbedingt behagen. Vergessen Sie auch nicht, dass ein 50 : 50-Beteiligungsverhältnis bei einer Meinungsverschiedenheit häufig zu einer Pattsituation führt.

Auf jeden Fall müssen Sie, wenn Sie eine ausgewogene Partnerschaft anstreben, darauf achten, dass klare Verhältnisse geschaffen werden und dass Sie sich einig sind über die beiderseitigen Rechte und Pflichten.

Gleich zu Anfang sollten Sie festlegen, wie Sie mit den Geschäftsanteilen verfahren, falls die Partnerschaft nicht von Dauer ist. Sie müssen sich auch überlegen, ob beide zeichnungsberechtigt sind, wer für Zulieferbestellungen zuständig ist und wen Sie im Streitfall als Vermittler akzeptieren wollen.

Das alles klingt vielleicht ziemlich negativ, aber es ist immer besser, auf das Schlimmste vorbereitet zu sein. Geschäftspartnerschaften sind wie andere Beziehungen auch – für ewigen Bestand gibt es keinerlei Garantie.

ÜBUNG

Arbeiten Sie lieber allein oder im Team?

152.

Begeben Sie sich an Ihren Ort der Stille und horchen Sie auf Ihre innere Stimme wie auch auf Ihre Vernunft. Finden Sie heraus, ob Sie Ihr Vorhaben ganz in eigener Regie ausführen wollen oder lieber in Gesellschaft.

Beantworten Sie die folgenden einfachen Fragen, um sich geistig auf das Thema einzustimmen:

- Sind Sie lieber mit sich allein als mit anderen zusammen?
- Halten Sie sich für einen unabhängigen Menschen?
- Treffen Sie gern eigenmächtige Entscheidungen oder beraten Sie sich lieber mit anderen?
- Reden Sie offen über Ihre finanziellen Verhältnisse oder behalten Sie solche Sachen lieber für sich?
- Betrachten Sie sich als gute Teamarbeiterin?
- Brauchen Sie Ihren Freiraum?

Persönliche Beziehungen, Menschen, die uns lieb sind, >>
und Freundinnen und Freunde nie vernachlässigen.

Not neglect
my
Personal
Relationships,
loved ones
and

friends
in any way

Die MitarbeiterInnen

Wieder ein anderer Aspekt bei der Schaffung eines Arbeitsteams ist die Einstellung von MitarbeiterInnen, sofern Sie sich das leisten können. Überdenken Sie die Arbeitslast, die künftig auf Sie zukommt, und prüfen Sie Ihr Budget. Glauben Sie, dass Sie alles, was zum Start Ihres Unternehmens nötig ist, alleine schaffen, oder brauchen Sie Hilfe?

Wenn Sie ein Einzelhandelsgeschäft gleich welcher Art eröffnen wollen, werden Sie mit ziemlicher Sicherheit Hilfe benötigen, obwohl zu Anfang vielleicht eine teilzeitbeschäftigte Verkaufshilfe ausreicht. Wahrscheinlich brauchen Sie auch einen Teilzeitbuchhalter, es sei denn, Sie haben buchhalterischen Durchblick, was man den wenigsten Unternehmern nachsagen kann.

Haben Sie vor, einen Dienstleistungsbetrieb zu eröffnen, brauchen Sie möglicherweise nicht nur kaufmännischen Beistand, sondern auch anderes Personal. Auf jeden Fall sollten Sie die folgenden Punkte bedenken, ob Sie nun sofort oder später jemanden einstellen.

Zuerst einmal sollten Sie daran denken, dass Sie nicht die Einzige sind, die auf weibliche Art wirtschaften will. Auch Ihre MitarbeiterInnen werden lieber in ein Unternehmen eintreten, das ihre inneren Wertvorstellungen widerspiegelt und ihnen gestattet, sich voll und ganz schöpferisch zu verwirklichen.

Weibliches Wirtschaften hat nichts mit dem alten autokratischen Umgangsstil gegenüber Mitarbeitern zu tun, bei dem geheimnisvolle Entscheidungen an der Spitze der Unternehmenshierarchie getroffen werden, während die Angestellten in stickigen kleinen Räumen arbeiten und möglichst keinerlei Privatleben haben.

Eine Umgebung, in der sowohl physisch als auch kreativ Offenheit herrscht, wo sich alle im Team einbringen können, wo jeder entsprechend seiner Leistung gewürdigt und als Mensch geachtet wird, ist laut Umfrage den meisten Angestellten heutzutage wichtiger als ein hohes Einkommen und andere finanzielle Anreize.

Für viele künftige MitarbeiterInnen ist auch entscheidend, wie es mit der Unternehmensphilosophie hinsichtlich der sozialen Verantwortung aussieht. Nach der Studie einer renommierten Organisation bewerben sich bei Firmen, die ihre Verpflichtungen gegenüber der Gesellschaft ernst nehmen, viel mehr Leute mit hohem Ausbildungsniveau.

Das richtige Mitarbeiterteam zu finden ist natürlich oft eine Sache von Versuch und Irrtum. Mund-zu-Mund-Propaganda im gesamten Bekanntenkreis ist oft die beste Methode, deshalb sollten Sie ruhig überall verbreiten, mit welcher Art von Personen Sie gern zusammenarbeiten würden.

Und wie steht's damit, Freunde oder Freundinnen und Angehörige einzustellen? Manchmal funktioniert das, aber wie im Falle der Partnerschaften nur dann, wenn man sich bei der Arbeit auf klare berufliche Beziehungen beschränkt. Eine zu große Vertraulichkeit kann diese Beziehungen untergraben und zu einem bösen Ende führen, sowohl in privater wie auch in geschäftlicher Hinsicht.

Mein Sohn und meine Tochter, beide inzwischen Anfang zwanzig, werden immer außerordentlich gut beurteilt von allen, für die sie seit Beginn ihrer Berufslaufbahn je gearbeitet haben. Aber die Male, die sie widerstrebend einwilligten, bei mir auszuhelfen, um sich dann trotz des finanziellen Anreizes mit allem sehr viel Zeit zu lassen, waren für beide Seiten recht unergiebig.

Das Einstellungsgespräch

Machen Sie sich, ehe Sie ein Einstellungsgespräch führen, eine Liste nicht nur der beruflichen, sondern auch der menschlichen Qualitäten, die Sie von der betreffenden Person erwarten. Ist sie bei aller Effizienz und beruflichen Qualifikation auch optimistisch und freundlich? Kann sie gut zuhören? Steht Sie vermutlich Ihrer geschäftlichen Vision positiv gegenüber? Hier ein paar Tipps für das Einstellungsgespräch:

- Achten Sie auf Körpersprache und Kleidungsstil der Bewerberin bzw. des Bewerbers. Fühlt sie sich wohl in ihrer Haut? Passt ihre äußere Erscheinung zu dem Bild, das Sie sich von Ihrem Unternehmen machen?
- Fragen Sie sowohl nach den persönlichen Interessen als auch nach den beruflichen Fähigkeiten.
- Lassen Sie die Bewerberin (bzw. den Bewerber) das meiste des Gesprächs bestreiten.
- Fragen Sie nach ihrer letzten Stellung und dem Kündigungsgrund.
- Beachten Sie, wie sie über ihren letzten Arbeitgeber spricht.
- Versichern Sie sich, dass sie realistische Erwartungen bezüglich der Stellung hegt, die sie anbieten.
- Fragen Sie, welche Gründe sie zu dieser Bewerbung bewogen haben.
- Finden Sie heraus, welche Vorstellungen sie sich auf längere Sicht von ihrem Leben macht – will sie vielleicht einmal eine Weltreise machen, ins Ausland ziehen, einen Roman schreiben? Versuchen Sie, falls Sie die betreffende Person ausbilden wollen, ein-

zuschätzen, wie lange sie wohl bei Ihnen zu bleiben gedenkt, damit sich diese Investition überhaupt lohnt– garantiert sicher ist allerdings auch hier nichts, wie bei allen zwischenmenschlichen Beziehungen!

Setzen Sie, wenn Sie trotz aller Versuche nicht die richtigen Leute finden, eine Anzeige in Ihre örtliche oder eine überregionale Zeitung. Ich habe immer feststellen können, dass ein Stellungsangebot in den großen Zeitungen viel wirkungsvoller ist als in der Fachpresse. Oft kann Ihnen auch das Arbeitsamt weiterhelfen, manchmal sogar mit einer ABM-Förderung. Auf die Dienste anderer Vermittlungsbüros sollten Sie lieber verzichten, denn deren Gebühren können für ein neu gegründetes Unternehmen eine hohe finanzielle Belastung sein.

Vergewissern Sie sich, ob Sie wirklich fest angestellte Arbeitskräfte oder nur freie MitarbeiterInnen brauchen. Sobald Sie jemanden fest einstellen, sind Sie zur Zahlung von Steuern, Sozialabgaben, Urlaubsgeld sowie zur Lohnfortzahlung im Krankheitsfall und anderen Leistungen verpflichtet. Wollen Sie diese Verantwortung wirklich schon auf sich nehmen?

156. Der Teamgeist

Wichtig ist, dass Ihr Mitarbeiterteam voll und ganz hinter dem Unternehmen steht und ein Zugehörigkeitsgefühl entwickelt. In meiner neuen Agentur *Globalfusion* entwickle ich derzeit ein System, durch das Mitarbeiter zu Anteilseignern werden können. Außerdem biete ich den intelligenten jungen Frauen, die mir bei der Gründung und beim Aufbau der Firma helfen, eine Reihe von interessanten Möglichkeiten, selbst Verantwortung zu übernehmen. Ich ermutige alle dazu, sich an den Entscheidungsprozessen zu beteiligen, Wachstumsmöglichkeiten für unser Unternehmen zu suchen und mitzuhelfen bei der Umsetzung von Wertvorstellungen, die wir bei unserer Tätigkeit beherzigen wollen.

Wir beginnen unseren Arbeitstag, indem wir uns um den Küchentisch versammeln, eine Kerze anzünden, uns bei den Händen fassen, um Segen für diesen Tag bitten und einander unsere Gefühle und Gedanken mitteilen – wie in der Findhorn Foundation.

Danach sprechen wir den Tagesplan durch und überlegen gemeinsam, wie wir uns in den verschiedenen Situationen, die sich ergeben werden, verhalten wollen. Ich habe sehr deut-

Weise Ratschläge begrüßen und selbst anderen weisen Rat geben. >>

Welcome in MENTors AND others Mentor in Return

lich gemacht, dass die Zukunft des Unternehmens ebenso in den Händen der Mitarbeiter-
Innen wie in meinen liegt und dass sie einmal meine NachfolgerInnen sein werden. Dann
beratschlagen wir, wen wir zusätzlich in unserem Team einsetzen könnten und welche qualifizierte Mitarbeit wir noch brauchen.

Mein Team vertraut mir und ich vertraue ihm. Bei uns herrschen Liebe und Einfühlungs-
vermögen vor, und wir versuchen immer, in unserem Unternehmen Formen der weiblichen
Wirtschaftspraxis zu verwirklichen. Wir wissen um unsere jeweiligen Stärken und Schwächen und unterstützen uns im Laufe unseres sehr ausgefüllten Geschäftsalltags gegenseitig
so viel wie möglich. Wir sind wechselseitig voneinander abhängig und wachsen, wie ich
hoffe, ganz natürlich zu einem Organismus zusammen – auf der Basis bestimmter Werte,
gegenseitiger Achtung, persönlicher Integrität und professioneller Leistung. Ich bin zudem
der festen Meinung, dass wir alle ein Privatleben, Ferien, freie Zeit, wann immer wir sie
brauchen, und angenehme Arbeitsbedingungen haben sollten.

Ausgangspunkt für unsere Tätigkeit ist mein Büro zu Hause, und ich passe immer auf, dass
Vorrats- und Kühlschrank gut mit leckeren Genüssen für alle gefüllt sind. Ich behandle jeden
Einzelnen so, wie ich selbst behandelt werden möchte, und ich weiß, dass das gewürdigt
wird. Natürlich hat es eine Weile gedauert, bis wir ein Team waren, das gut zusammenar-
beitet und die Werte weiblichen Wirtschaftens hoch hält. Mit einigen Mitarbeiterinnen der
ersten Stunde klappte es nicht, und ich habe über die Jahre einsehen gelernt, wie wichtig es
ist, sich mit Anstand zu trennen, wenn die Chemie nicht stimmt. Die richtigen Leute sind oft
gleich nebenan.

ÜBUNG
Überlegungen zur Teamplanung

Sie müssen Ihr Team so planen, dass es Ihrem geschäftlichen Vorhaben entspricht. Sehen Sie die anschließende Liste von Mitarbeitervorschlägen durch, überlegen Sie, welche für Sie in Frage kämen, und schreiben Sie eigene Vorstellungen dazu auf. Denken Sie gründlich darüber nach, ob Sie feste oder freie, Vollzeit- oder Teilzeitkräfte brauchen, ob langfristig oder nur vorübergehend.

Stellen Sie fest, welche Gehälter am Markt für diese Tätigkeiten gängig sind, und berücksichtigen Sie, wenn Sie meinen, es sich leisten zu können, die nötigen MitarbeiterInnen bei Ihrer Finanzplanung.

- BuchhalterIn
- BüroleiterIn
- SekretärIn/PrivatsekretärIn
- BetriebsleiterIn
- VerkäuferIn
- Empfangskraft
- TechnikerIn
- DesignerIn

Vernetzung und gegenseitige Beratung

Eine an weiblicher Wirtschaftsweise orientierte Gemeinschaft zu gründen heißt nicht nur, die richtigen PartnerInnen zu finden und einen qualifizierten, wertorientierten Mitarbeiterstab zusammenzustellen, sondern beinhaltet auch den Umgang mit möglichen Kunden, Zulieferern, ortsansässigen und überregionalen Organisationen und letztlich mit der Konkurrenz. Dabei können sich auf den unterschiedlichsten Gebieten Allianzen und Freundschaften ergeben.

Der Aufbau von Netzwerken und der gegenseitige Austausch mit Menschen verschiedenster Organisationen und Sparten ist mir immer leicht gefallen; es ist einer der Hauptgründe für den Erfolg meiner Geschäftstätigkeiten.

Selbstverständlich steht Ihnen nur beschränkte Zeit zur Pflege eines Netzwerks zur Verfügung, wenn Sie Ihr Unternehmen gerade erst aufbauen, aber Sie sollten das als wesentlichen Bestandteil der Geschäftspraktik im 21. Jahrhundert betrachten. Sie werden unendlich viel dabei lernen, neue Aufträge hereinholen, ein paar großartige Freundschaften schließen und viele kennen lernen, die ähnliche Erfahrungen gemacht haben und die Probleme kennen, mit denen Sie konfrontiert werden.

Interessant sein könnten für Sie unter anderem örtliche oder in der näheren Umgebung angesiedelte Kooperativen und branchenspezifische Netzwerke, Fach- und Handelsorganisationen, Berufsverbände für Frauen und Unternehmerinnen, überregionale Netzwerke für nachhaltige, sozial- und umweltverträgliche Produkte und Dienstleistungen, ebenso wie die örtliche Handelskammer und einige amtliche oder halbamtliche Stellen.

Wenn Sie auf diese Weise Kontakte knüpfen, weben Sie sich allmählich ein Netz von Energien und Verbindungen, das Sie und Ihr Unternehmen mittragen und unterstützen kann und Sie gleichzeitig in die Lage versetzt, Ihrerseits anderen ein Ansporn zu sein und unter die Arme zu greifen.

Ich selbst war über die Jahre Mitglied und PR-Beraterin verschiedenster Berufsgenossenschaften, hauptsächlich im Mode- und Unterhaltungsbereich, meinen Spezialgebieten. Das war für mich sinnvoller, als mich meiner eigenen Berufsgenossenschaft anzuschließen.

Außerdem war ich im Lauf der Jahre Gründerin, Mitglied oder Gesellschafterin einer ganzen Reihe von britischen, amerikanischen und internationalen Verbänden berufstätiger Frauen und habe bei vielen Anlässen dort Vorträge gehalten. Dadurch konnte ich einerseits meine Aufgabe als Mentorin erfüllen und andererseits Erfahrungen und Informationen austauschen, wozu ich natürlich immer gern bereit bin.

Die wertvollsten Anregungen und Kontakte für mein berufliches und privates Wachstum habe ich jedoch von ganz unterschiedlichen Seiten erhalten. Dazu gehört zum Beispiel das *Social Venture Network,* eine Gruppe sozialverantwortlicher Unternehmerinnen, vorwiegend in den Vereinigten Staaten und Europa, und *Brahma Kumaris,* die einzige von Frauen geleitete spirituelle Organisation der Welt, deren tagtägliche Ausrichtung auf spirituelle Werte und den Dienst am Nächsten mich stets auf meinem Weg zum weiblichen Wirtschaften inspiriert hat.

Beide Gruppen halten mehrmals im Jahr internationale Konferenzen ab, auf denen VordenkerInnen aus dem akademischen Bereich, aus Wirtschaft und Politik, aus der Umwelt-

Schwierige Situationen aus allen Perspektiven betrachten. >>

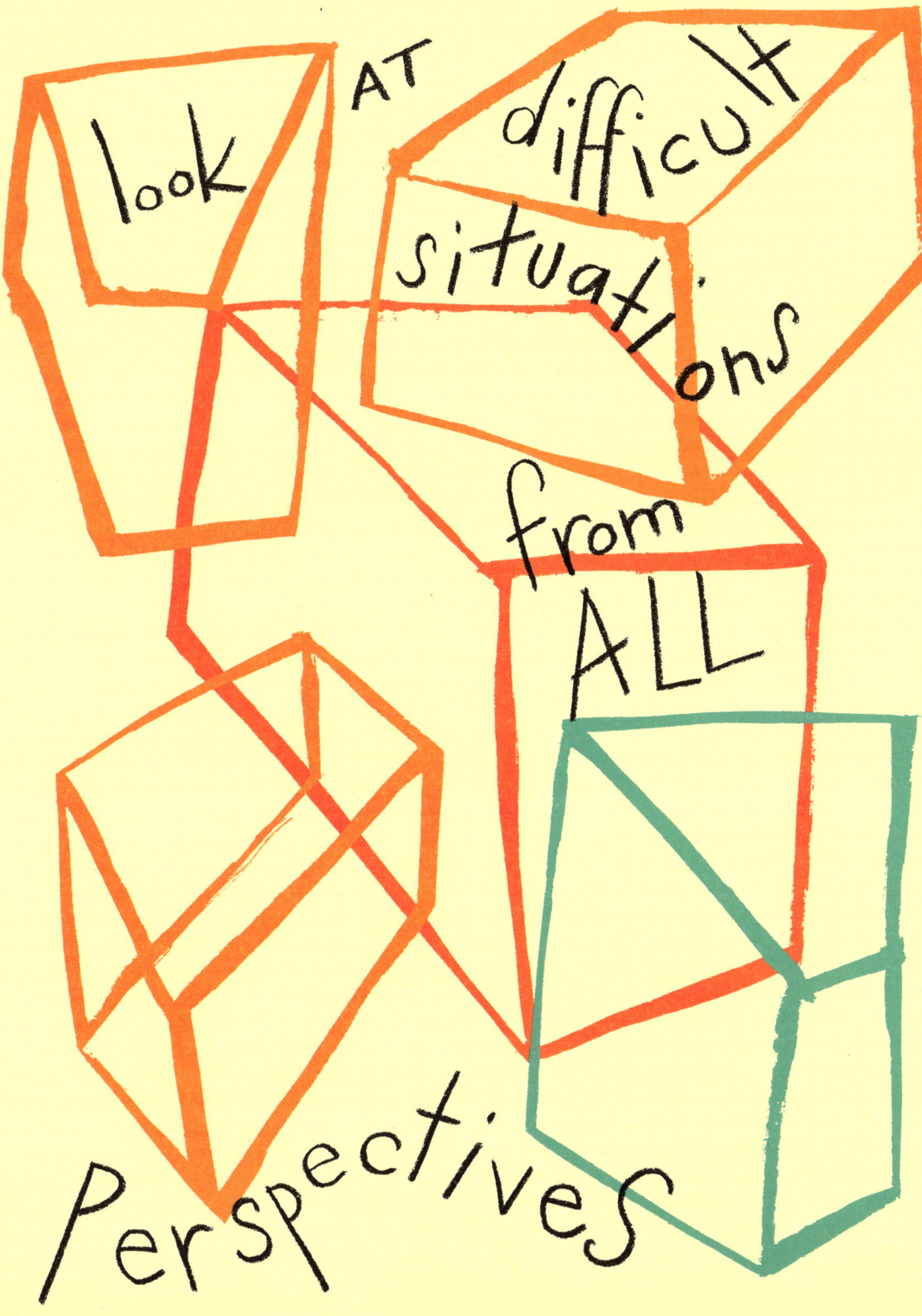
look
AT
difficult
situations
from
ALL
Perspectives

bewegung und Entwicklungshilfe zusammenkommen, um über verschiedene Themen miteinander zu reden, die Einfluss auf die Zukunft dieses Planeten haben.

Durch meine Teilnahme an diesen und anderen Konferenzen, die sich mit unserer Zukunft befassen, bin ich vor allem zu der Einsicht gekommen, dass die internationale Wirtschaftswelt unbedingt dafür Sorge tragen muss, die Gesellschaft und die Umwelt zu schützen, statt sie auszubeuten. Es muss endlich eine gerechte, gesunde, ganzheitliche Integration aller Kulturen, Länder und Regionen unserer Welt geben, und dazu ist es nötig, dass jeder von uns seine Geschäftspraktiken auf diese Ziele ausrichtet.

Als Privatfrau habe ich mich zwar immer für einen sozial denkenden Menschen gehalten, aber erst der Kontakt mit den vielen UnternehmerInnen und VisionärInnen, den ich durch diese Organisationen erhielt, hat mich gelehrt, wie ich in der Praxis meines eigenen Unternehmens meine Werte durchsetzen und Veränderungen bewirken kann.

Bei dieser »Vernetzung« habe ich auch das Energiebündel Anita Roddick kennen gelernt, Begründerin der »Body Shops«, die neben meinen Freunden Josh Mailman und Ben Cohen von »Ben & Jerry's Ice Cream« mit ihrem Mann Gordon zu den ersten Mitgliedern des *Social Venture Network* gehört.

Anita hat jahrelang großzügig Zeit in die verschiedensten Netzwerke, vor allem in Bildungs- und Frauengruppen investiert und hält Vorträge auf großen und kleinen Versammlungen in aller Welt. Sie erzählt allen, die mit ihr in Berührung kommen, auf inspirierende Weise von ihren eigenen Erfahrungen, den guten wie den schlechten, und hat kluge, präzise Vorstellungen davon, wie wir die Welt, in der wir leben, verbessern können.

Ich bin sicher, Anita würde als Erste zugeben, dass ihr durch ihre Netzwerkarbeit unendlich viele Ideen und Informationen zugeflossen sind, mit deren Hilfe sie die bahnbrechenden Neuerungen beim »Body Shop« einführen konnte. Mit Vergnügen habe ich gesehen, dass sie im Zuge ihrer derzeitigen Unterstützungskampagne für den Hanfanbau ein Hanfblatt und die Aufschrift »Sät den Samen der Veränderung« unten auf ihr Faxpapier druckt – eine wunderbare, vielsagende Botschaft für SEED-UnternehmerInnen.

Die Mitglieder des *Social Venture Network* treffen sich nicht nur auf Konferenzen und tauschen ihre Erfahrungen miteinander aus, sondern unterstützen sich auch geschäftlich gegenseitig in dem Wissen, dass alle nach den gleichen Wertvorstellungen handeln. Sie vertrauen einander und haben einen Investorenkreis gebildet, mit dem sie gelegentlich Mitgliederprojekte finanzieren. In den Vereinigten Staaten bauen sie gerade eine eigene Genossenschaft für Öko-Nahrungsmittel auf, in der einige Mitglieder das Prinzip ihres Netzwerks »Veränderung durch sozialverträgliches Wirtschaften« in die Praxis umsetzen wollen.

Es ist ein ungewöhnliches Netzwerk, ebenso wie die Schwesterorganisation »Business for Social Responsibility«, die es gegenwärtig nur in den Vereinigten Staaten gibt. Die Mitgliedschaft steht jedoch auch ausländischen Unternehmen frei, und sie halten ebenfalls regelmäßig Konferenzen ab, auf denen sie sich treffen, anregende Vorträge hören und Informationen austauschen.

Suchen Sie die Frauen- und Wirtschaftsverbände heraus, an denen Sie das meiste Interesse haben, und lassen Sie sich in deren Mailingliste aufnehmen, damit Sie über Versammlungen und Konferenzen informiert werden und daran teilnehmen können. Dort begegnen Sie Gleichgesinnten, können geschäftliche Kontakte knüpfen und erhalten darüber hinaus Gelegenheit, Ihren eigenen Geschäftskreis zu vergrößern und etwas zum Wohl der Welt, in der wir alle leben und arbeiten, zu tun.

Wichtige Vernetzungstipps

- Nehmen Sie immer reichlich Visitenkarten mit, und scheuen Sie sich nicht, sie großzügig zu verteilen.
- Schreiben Sie am Abend auf die Rückseite aller Visitenkarten, die Sie selbst erhalten haben, wo Sie die betreffende Person kennen gelernt haben und wofür sie steht.
- Beleben Sie neue Kontakte durch E-Mails oder Faxe.
- Hören Sie anderen zu und zeigen Sie Interesse.
- Sparen Sie nicht mit eigenen Informationen.
- Knüpfen Sie getrost auch an ungewöhnlichen Orten Kontakte, ob beim Friseur, am Strand oder auf einer Hochzeit.

Die Gründung eines eigenen Netzwerks

Wenn Sie lieber als Alleinunternehmerin tätig werden wollen, sich in Ihrem Wohnort jedoch trotzdem gern in einer Gruppe engagieren möchten, wo man sich gegenseitig hilft, sollten Sie vielleicht ein eigenes Netzwerk gründen.

Denken Sie an zehn Leute in Ihrer Umgebung, die Sie persönlich oder vom Hörensagen kennen und die auf ganz unterschiedlichen und dennoch sich synergistisch ergänzenden

Gebieten arbeiten, etwa im Medienbereich, Einzelhandel, Bildungswesen, in Wirtschaft oder Technik usw. Laden Sie sie zum Essen ein und erklären Sie ihnen, dass Sie gern Ihre spezifischen Kenntnisse weitergeben würden, so dass alle davon profitieren könnten. Probieren Sie es einfach mal, schauen Sie, ob es funktioniert, und schlagen Sie vor, sich reihum einmal im Monat oder so zu treffen, um Informationen auszutauschen, die allen bei ihrer Tätigkeit weiterhelfen.

Sie könnten sich natürlich auch einer bereits bestehenden Gruppe von frischgebackenen Kleinunternehmerinnen in Ihrer Gegend anschließen, wo Sie über Ihre Erfahrungen und Probleme sprechen oder gar gemeinsam Bestellungen aufgeben können.

Wie auch immer, wenn Sie sich in Ihrem Ort für ein Netzwerk engagieren, dessen MitgliederInnen Informationen, Güter und Dienstleistungen miteinander teilen und austauschen, begründen Sie damit letztlich eine Wirtschaftsgemeinschaft zum gegenseitigen Nutzen. Zum Beispiel könnten Sie für den örtlichen Drucker Werbetexte schreiben und sich im Gegenzug von ihm Ihr eigenes Werbematerial gratis oder mit Rabatt drucken lassen. Stellen Sie fest, welchen örtlichen Geschäften Sie mit Ihren Produkten oder Diensten nützlich sein und welche entsprechenden Hilfsleistungen Sie Ihrerseits gebrauchen könnten.

164. Vernetzen Sie Ihre vielfältigen Kontakte untereinander, sodass sich wieder neue hilfreiche Verbindungen ergeben. Geben Sie Ihrem Netzwerk einen Namen und vergrößern Sie es je nach Bedarf. Halten Sie Versammlungen ab, auf denen Vorträge gehalten und Informationen ausgetauscht werden.

Sie könnten die Idee einer Gemeinschaft auch noch weiter treiben und prüfen, ob sie zusammenziehen wollen. Ich selbst erwäge derzeit die Möglichkeit, SEED-Zentren zu eröffnen, wo unternehmerisch tätige Frauen und Männer mit den gleichen Grundsätzen ein Haus und die laufenden Kosten miteinander teilen. Ideal wäre eine alte Schule, ein leer stehendes Lagerhaus oder auch ein großes Wohnhaus mit genügend Raum für alle und vielleicht sogar einem Garten.

Natürlich müssten Sie vorher einige Formalitäten abklären, zum Beispiel, ob Sie als Mietergemeinschaft auftreten wollen oder ob eine(r) von Ihnen als HauptmieterIn fungieren soll. Achten Sie jedenfalls darauf, dass die Verpflichtungen klar definiert sind und das Arrangement für alle finanziell stimmt.

Wenn Sie eine solche SEED-Gemeinschaft bilden wollen, müssen Sie möglichst Mitglieder zusammenbekommen, die sich sowohl untereinander nützen als auch den eigenen

Nie von der großen Vision ablassen. >>

Kundenkreis bedienen können. Eine perfekte Mischung wäre zum Beispiel eine Anwalts-
kanzlei, ein Buchhalter, eine Kindertagesstätte, ein Kaufladen, ein Partyservice, eine che-
mische Reinigung, ein(e) MarketingberaterIn, ein(e) GrafikerIn und ein Bürodienst, die sich
alle Annehmlichkeiten wie Empfang, Café, Ruheraum, kaufmännisches Personal und Geräte teilen würden.

Das SEED-Zentrum könnte die beste Lösung für AlleinunternehmerInnen sein, denen es
zu Hause nicht gefällt oder die lieber innerhalb einer Gemeinschaft tätig sind.

Unterstützungsgruppen

Eine weitere Möglichkeit, sich emotionale und andere Unterstützung zu sichern, besteht
darin, Freunde und Freundinnen, die auch schon davon gesprochen haben, dass sie gern
ein eigenes Geschäft aufmachen würden, dazu zu bewegen, das SEED-Handbuch gemeinsam mit Ihnen durchzuarbeiten. Sollten Sie niemanden finden, um eine Gruppe zu bilden,
dann klicken Sie die SEED-Website an – seedfusion.com – und knüpfen Sie dort Kontakte.
Treffen Sie sich alle zwei Wochen, beginnen Sie Ihre Sitzung damit, dass Sie eine Kerze
anzünden und eine Weile still meditieren, und tauschen Sie sich dann miteinander aus. Lernen Sie aus Ihren jeweiligen Erfahrungen, unterstützen und beraten Sie sich gegenseitig.

Ob Sie sich in Person oder online treffen, Sie sind längst ein Mitglied der SEED-Gemeinschaft geworden sind, indem Sie dieses Buch lesen und die SEED-Konzepte miteinander teilen. Bei unseren öffentlichen Auftritten, online im Chat-Room oder auf Konferenzen werden Sie andere JungunternehmerInnen kennen lernen, Erfahrungen austauschen, neue
Lösungen finden, sich inspirieren lassen und anderen Mut machen können.

Und vergessen Sie nicht, dass Sie auch im engsten Kreis Unterstützung brauchen. Halten
Sie Ihre Angehörigen, Freunde und Freundinnen auf dem Laufenden, was Ihre Vision
betrifft, und bitten Sie um Nachsicht und Geduld, während Sie Ihren Traum zur Welt bringen.

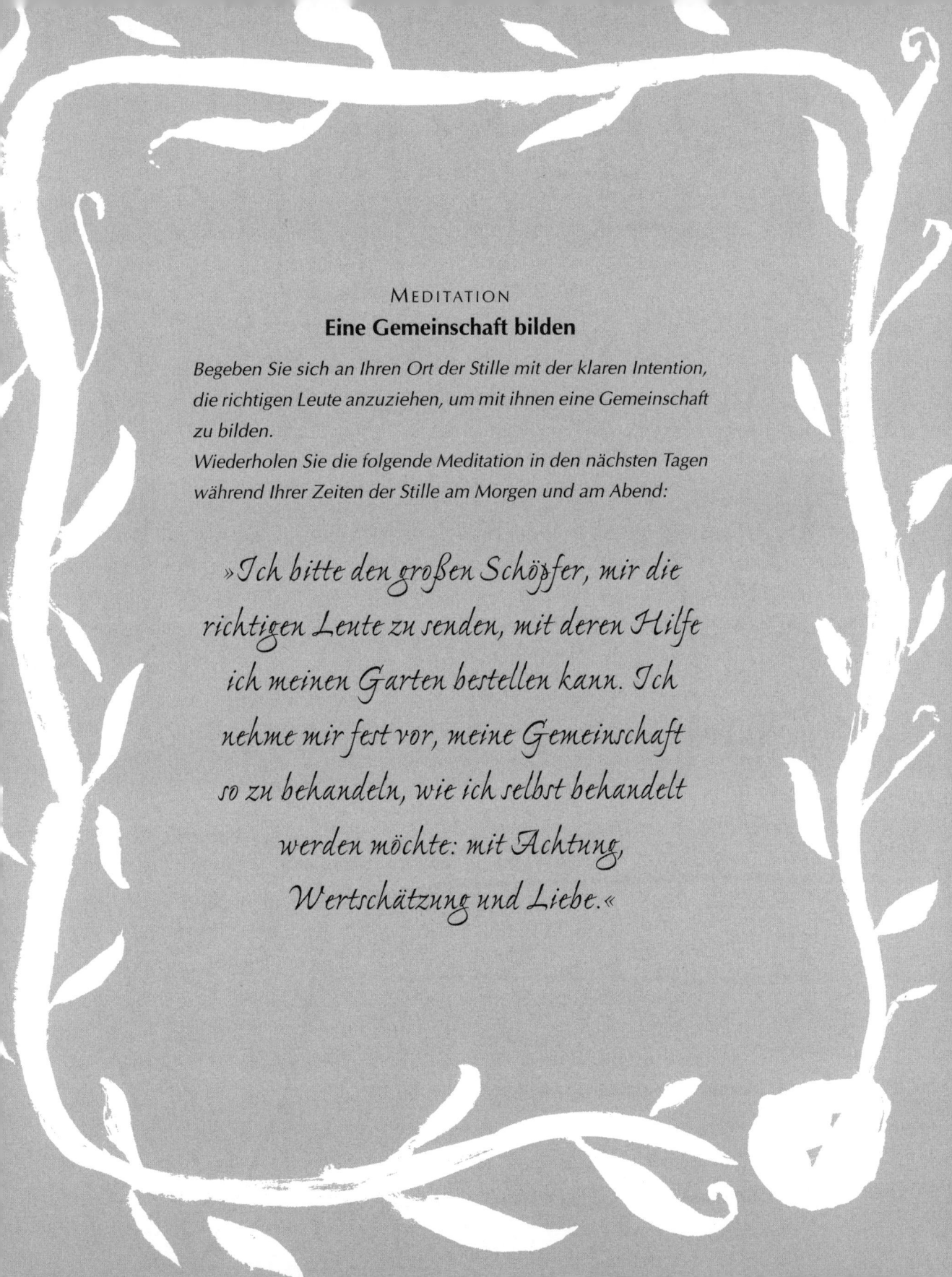

MEDITATION
Eine Gemeinschaft bilden

*Begeben Sie sich an Ihren Ort der Stille mit der klaren Intention,
die richtigen Leute anzuziehen, um mit ihnen eine Gemeinschaft
zu bilden.*

*Wiederholen Sie die folgende Meditation in den nächsten Tagen
während Ihrer Zeiten der Stille am Morgen und am Abend:*

»Ich bitte den großen Schöpfer, mir die richtigen Leute zu senden, mit deren Hilfe ich meinen Garten bestellen kann. Ich nehme mir fest vor, meine Gemeinschaft so zu behandeln, wie ich selbst behandelt werden möchte: mit Achtung, Wertschätzung und Liebe.«

Sketching the Garden Plan

DER GARTENPLAN

Jetzt skizzieren Sie Ihr Geschäfts-vorhaben, projizieren Ihre Träume in die Wirklichkeit und bringen ein detailliertes Unternehmens-konzept zu Papier

Nachdem Sie nun alles gründlich erforscht haben – sich selbst und Ihr künftiges Unternehmen –, sich in Ihr Geschäftsvorhaben hineingefühlt und es in Gedanken wachsen lassen haben, wird es Zeit, all das Material, das Sie gesammelt haben, in ein solides Konzept zu übertragen und dabei auch Ihrer Unternehmensphilosophie einen gebührenden Platz einzuräumen.

Das Unternehmenskonzept ist die Linkshirnversion Ihres Visionsposters. Dieses Konzept ist zwar sehr wichtig bei Gesprächen mit der Bank oder einem möglichen Investor, aber in erster Linie ist es für Sie selbst bestimmt. Es zeigt Ihnen, ob alle Teilchen des Puzzles zusammenpassen, ob sich Ihr Vorhaben finanziell trägt und ob sich Ihre Wertvorstellungen darin wiederfinden.

In dieser Gründungsphase legen Sie die Unternehmensphilosophie fest, setzen sich bestimmte Ziele, bringen Ihr Budget und Ihre voraussichtlichen Ausgaben zur Deckung, stellen einen Zeitplan auf und entwerfen eine Marketingstrategie.

170.

Wer soll Ihre Produkte oder Dienstleistungen kaufen, und wie wollen Sie an die Käufer herankommen? Sie müssen sich für einen Kommunikationsplan entscheiden, um Ihren Markt zu erreichen, und diesen Plan mit den übrigen Faktoren Ihres Unternehmenskonzepts in Einklang bringen.

Es gibt viele Betriebswirtschaftskurse und -bücher, die die Grundlagen der Unternehmens- und Kommunikationsplanung ausführlich darstellen, gleichwohl sind auch ein paar allgemeine, einfache Regeln zu befolgen. Einer der schwersten Fehler, den Sie machen können, ist der, ein hochkompliziertes Konzept zu entwerfen, das kaum zu lesen und obendrein auf den ersten Blick schon langweilig ist.

Wir leben in einer Welt, in der keiner mehr Zeit hat und alles sofort passieren muss, und die eindrucksvollsten Unternehmenskonzepte, die ich je gesehen habe – und ich habe etliche gesehen! – sind kurz und bündig, leicht zu lesen und spiegeln die Leidenschaftlichkeit und Energie der Geschäftsleute wider, deren Unternehmen sie beschreiben.

Trotzdem ist es wichtig, alles aufzuschreiben und dabei all die verschiedenen Aspekte zu überprüfen, von denen die Lebensfähigkeit des Betriebs abhängt. Das gibt Ihnen Gelegenheit, noch in letzter Minute Änderungen und Anpassungen vorzunehmen, ehe der Startschuss für Ihr neues Unternehmen fällt.

Die Aufstellung des Unternehmensplans

Ein kurzes Statement zur Unternehmensphilosophie gleich zu Anfang gibt Auskunft über Ihre unternehmerischen Visionen und macht die Leser Ihres Plans neugierig. Alles Übrige sollte zeigen, dass Ihr Konzept fundiert, durchdacht und durchführbar ist. Generell gehören folgende Bestandteile zu einem Unternehmens- oder Geschäftsplan:

- ein Inhaltsverzeichnis
- eine Kurzfassung des gesamten Unternehmensplans
- eine genauere Beschreibung der Unternehmensphilosophie (speziell für SEED-Unternehmen)
- Angaben zu Führungsteam, MitarbeiterInnen und BeraterInnen
- die Aufgaben und Ziele des Unternehmens
- Ihre Produkte oder Dienstleistungen
- das Marketing und die Werbestrategie (einschließlich Marktanalyse)
- der Zeitplan für den Unternehmensaufbau
- der Finanzplan (einschließlich der Risikofaktoren)

Geraten Sie nicht in Panik bei dem Gedanken, all diese Punkte schriftlich fixieren zu müssen – Sie brauchen auch keine glasigen Augen zu bekommen, was mir angesichts einer solchen Aufgabe oft passiert. Der Unternehmensplan sollte genauso leicht zu schreiben wie zu lesen sein; notieren Sie die wesentlichen Punkte mit Ihren eigenen Worten.

An dieser Stelle muss ich Ihnen etwas gestehen: Ich bin zwar hervorragend im Entwerfen meiner kreativen Ideen, aber ich brauchte für meine Unternehmungen nie Investoren zu finden und habe auch nie einen formellen Unternehmensplan aufgestellt.

Doch wie es der Zufall so will, bin ich inzwischen in meiner eigenen unternehmerischen Entwicklung, während ich dieses Buch schreibe, an einem Punkt angekommen, wo ich für meine beiden neuen Geschäftsvorhaben einen solchen Plan brauche, um meine Managementstrategie deutlich zu machen.

Zu meiner Überraschung finde ich es äußerst hilfreich, den Unternehmensplan schriftlich zu fixieren, weil ich dabei gedankliche Klarheit gewinne und mich besser auf den Weg konzentrieren kann, den ich einschlagen will.

Ursprünglich, und zwar noch ehe ich einen Namen für meine neuen Unternehmen oder einen Titel für dieses Buch hatte, wollte ich ein globales Netzwerk für Unternehmerinnen verschiedenster Herkunft gründen, in dem sie Informationen und Kenntnisse miteinander austauschen konnten. Schwerpunkte sollten Bildung, Schulung und Besinnung auf die eigene Kraft sein, und erreicht werden sollten diese Ziele durch eine Kombination aus Büchern, Workshops, audiovisuellen Hilfsmitteln und natürlich dem Internet.

Mir schwebte ein Kreis vor oder eher so etwas wie eine Apfelsine, die aus einzelnen selbständigen Segmenten besteht, die trotzdem zusammengehören und zusammenhalten.

Als ich das schöne Logo betrachtete, das Ann Field für den englischen Buchumschlag und für die *Seedfusion*-Website entworfen hat, ging mir auf, dass der Kreis, den ich immer um die Kurzfassung meines Unternehmensplans zu ziehen pflegte, eigentlich genau dem Inneren der SEED-Blüte entsprach. Und die Blütenblätter konnten alle jeweils ein Wort enthalten, mit dem ein Element meines Plans beschrieben wurde.

Wenn dieses Blütenbild für mich so gut passt, ist es vielleicht auch für Sie geeignet. So könnten Sie Ihren Unternehmensplan auf weibliche Art zu Papier bringen und zu einer lebendigen Erfahrung werden lassen, statt eine unangenehme Aufgabe darin zu sehen.

Übung
Ein Unternehmensplan in Blütenform

Gönnen Sie sich, ehe Sie an die Ausarbeitung Ihres Konzepts gehen, eine Zeit der Stille an Ihrem dafür vorgesehenen Platz. Lassen Sie den Stimmenwirrwarr über Geld, Zeit, Marketing und Mitarbeiterteams, der in Ihrem Kopf herrscht, ins Universum hinausschweben, während Sie den Schöpfer um Rat und Klarheit bitten, wie Sie alle Aspekte Ihres Geschäftsvorhabens ins richtige Licht rücken können.

Füllen Sie, sobald Sie Klarheit gewonnen haben, in der Vorfreude darauf, wie sich Ihr Plan realisieren wird, das Blütenbild aus. Geben Sie in der Mitte der Blüte eine kurze Beschreibung Ihres Geschäftsvorhabens. Schreiben Sie dann in jedes Blütenblatt ein oder zwei Begriffe, die die verschiedenen Qualitäten charakterisieren, die in Ihrem Unternehmen zum Tragen kommen sollen. Dazu können Wertvorstellungen gehören oder praktische Erwägungen wie »gutes Management«, »guter Standort«, »Engagement« oder »Innovationsgeist«.

Es muss nicht unbedingt das Bild einer Blüte sein; Sie können jedes grafische Symbol nehmen, das Ihnen zusagt. Als sich meine intuitionsbegabte Freundin, die Astrologin

MEIN UNTERNEHMENSPLAN

Michelle Bernhardt, zur Ausarbeitung eines Unternehmensplans entschloss, um die finanziellen Mittel für ihr Unternehmen »Inner World« aufzutreiben, empfand sie das Bild des Sonnensystems als besonders passend.

Die Ausführung

Nachdem Sie inzwischen mit Hilfe des Blütenbildes die verschiedenen Elemente Ihres Geschäftsvorhabens umrissen haben, müssen Sie nun an die detailliertere Ausführung gehen, die kurz gefasst, aber informativ sein sollte.

Im Folgenden ein paar allgemeine Leitlinien, die Ihnen die Abfassung der einzelnen Teile Ihres Unternehmensplans erleichtern dürften.

Der Firmenname

Die erste Seite des Plans sollte immer ein Deckblatt sein, auf dem der Firmenname, das Logo, falls vorhanden, und die Kontaktdetails stehen – Adresse, Telefon- und Faxnummer und die E-Mail-Anschrift – sowie die Worte »streng vertraulich«.

Inzwischen müssten Sie sich überlegt haben, wie Sie Ihre Firma nennen wollen. Unter Umständen bleiben Sie einfach bei Ihrem Eigennamen, besonders, wenn Sie auf dem Dienstleistungssektor tätig werden wollen wie etwa in der Marketingberatung.

Vielleicht sind Sie aber auch durch Ihre Unternehmensvision auf ein Wort oder einen Begriff gekommen, der Ihrer Persönlichkeit entspricht oder Ihren Sinn für Humor widerspiegelt und gleichzeitig zu Ihrem Geschäftsvorhaben passt.

Überall auf der Welt gibt es spezialisierte Firmen, die viel Geld damit verdienen, einen neuen Markennamen zu erfinden für Unternehmen, die es sich leisten können, dafür tief in die Tasche zu greifen. Diese Möglichkeit werden Sie wahrscheinlich in dieser Phase nicht in Erwägung ziehen, aber ich bin sicher, Sie sind einfallsreich und haben eigene Vorstellungen. Auf denn: Machen Sie sich selbst an die Arbeit! Lassen Sie Ihre Fantasie spielen, um den richtigen Namen für Ihre Firma zu finden.

Meiner Überzeugung nach haben Namen ebenso wie viele andere Worte eine gewaltige Macht und erzeugen eine Energie, die eine starke Wirkung auf Ihr Unternehmen haben kann.

Einen Firmennamen finden

Nehmen Sie sich wieder einmal Ihr Visionsposter und Ihr Collagenbuch vor. Schauen Sie sich die Worte an, die Sie aufgeschrieben oder ausgeschnitten und aufgeklebt haben, und notieren Sie die, die als Firmenname in Frage kommen könnten. Wählen Sie einen einfachen Namen, der eingängig und leicht auszusprechen ist. Überlegen Sie, ob der Name gut zu der Branche passt, in der Sie tätig werden wollen, und achten Sie darauf, dass er nicht schon x-mal verwendet worden ist.

Mögliche Firmennamen

....

....

....

175.

....

....

....

....

....

Legen Sie die fertige Liste für ein paar Tage beiseite, meditieren Sie eine Zeit lang an Ihrem Ort der Stille über die ausgewählten Begriffe und wählen Sie schließlich drei Namen aus, um deren Verfügbarkeit zu überprüfen.

Die einfachste Möglichkeit, einen Namen auszuchecken, ist heutzutage das allgegenwärtige Internet. Es verschafft Ihnen sofort Gewissheit, ob der Name, an den Sie gedacht haben, schon überstrapaziert ist oder nicht. Da Sie sehr wahrscheinlich eines Tages eine eigene Website haben wollen, sollten Sie keinen Namen wählen, den Sie nicht eintragen lassen können, weil ihn bereits jemand anders verwendet hat.

Lassen Sie den Namen, auf den Sie sich festgelegt haben, am besten sofort als Website-namen eintragen. Dann ist er erst einmal geschützt, und es geht leicht und kostet nicht viel.

Die Website-Designerin Frances Stack in San Francisco hat sich, als wir uns kennen lernten, gleich erboten, »SEED« für mich zu überprüfen. Sie fand tatsächlich Tausende von Seed-Websites mit der Endung ».com« oder ähnlichen Endungen. Daraufhin entschlossen wir uns zu »seedfusion.com« als Website-Adresse, was gut mit der Website meines zweiten neuen Unternehmens, der »Globalfusion« harmonierte, die der weltbekannte Designer Brett Wickens geschaffen hat (der zum Glück für »Globalfusion« mit meiner Kollegin Coralie Langston-Jones verheiratet ist).

Frances hat mir gesagt, dass man einfach auf www.networksolutions.com geht und dann den »Hilfe«-Button anklickt. Von da an können Sie den einfachen Vorgaben folgen, um festzustellen, ob der Name, den Sie gewählt haben, zur Verfügung steht. Wenn Sie in Erfahrung gebracht haben, dass Ihr Firmenname noch nicht anderweitig benutzt wird, können Sie ihn durch einen schnellen, einfachen Vorgang registrieren lassen, was Sie in den ersten beiden Jahren 70 Dollar oder umgerechnet etwa 140 DM kostet.

Vielleicht möchten Sie auch gleich eine Webadresse für sich reservieren, sozusagen für alle Fälle, um später einmal E-Mails verschicken oder eine Website einrichten zu können. Auch dafür gibt es spezielle, sehr preiswerte Internetdienste.

Den Firmennamen nebst Firmenlogo als Markennamen schützen zu lassen kann sehr teuer werden, aber nach Auskunft der auf den internationalen Markenschutz spezialisierten Anwältin Donna Rubelman ist das auf jeden Fall anzuraten, wenn es sich um ein Unternehmen handelt, das eine bestimmte Marke oder ein bestimmtes Produkt landes- oder weltweit vertreiben will. Sie hat mir gesagt: »Der Firmenname ist so etwas wie ein Unternehmenssiegel und sollte möglichst weitreichend geschützt sein.«

Aber dann fügte sie noch hinzu: »Weniger entscheidend ist der Markenschutz für ein Unternehmen im technischen oder Dienstleistungsbereich. Bei einem Kleinunternehmen vor Ort, etwa einem kleinen Einzelhandelsgeschäft, ist es sicherlich unnötig. Am besten lässt man durch einen Anwalt sichern, dass der gewählte Firmenname kein eingetragenes Warenzeichen eines anderen Unternehmens ist, dessen Verwendung strafbar ist – wie zum Beispiel McDonald's.«

Raum und Zeit bereitstellen, um sich auf sein höheres Selbst einzustimmen. >>

HIGHER
Self

KEEP the Space
and TIME to Stay
in TUNE with my?

Sehen Sie auch in Telefon- und Branchenbüchern, Handelsregistern und anderen Listen nach, zu denen Sie Zugang haben, ob jemand anders aus derselben Branche in den Ländern, in denen Sie sich geschäftlich engagieren wollen, denselben (oder einen ähnlichen) Namen gewählt hat wie Sie.

Die Bestimmungen für den Eintrag eines Firmennamens sind von Land zu Land verschieden. Beraten Sie sich mit Ihrem Anwalt oder Ihrem örtlichen Handelsgericht über Ihre Namenswahl. Auch eine der staatlichen Stellen zur Wirtschaftsförderung (siehe Anhang) wird Ihnen den richtigen Ansprechpartner nennen können.

Die Verwendung des eigenen Namens

Eine Alternative zur Auswahl eines Markennamens für Ihr Unternehmen wäre die Verwendung des eigenen Namens.

Für mich hatte es Vor- und Nachteile, bei meiner ersten PR-Agentur unter meinem eigenen Namen zu firmieren. Mein Name wurde dadurch zu einem weithin bekannten Markenzeichen, was insofern nützlich war, als es mir Gelegenheit gab, auf diversen Branchenveranstaltungen als Rednerin aufzutreten. Das verschaffte mir für meine Person eine gute Publicity, die sich positiv auf das Geschäft auswirkte.

Auf der anderen Seite wurde die Agentur zu stark mit meiner Person identifiziert, sodass sich Kunden vernachlässigt fühlten, wenn ich ihnen nicht persönlich meine Aufmerksamkeit widmete, und das, obwohl es über fünfzig hochqualifizierte MitarbeiterInnen in meinem Betrieb gab.

Dieses Mal habe ich Markennamen – »Globalfusion« und »SEED« – für meine Unternehmen gewählt in der Hoffnung, dass sie durch die vereinte Kraft meiner selbst und meines Mitarbeiterteams wachsen.

Meine Unternehmen spiegeln mehr wider als nur die Vorstellungen ihrer Gründerin. Sie stehen auch für Engagement, Ideen und Werte meiner Kollegen und Kolleginnen, die zu eigenen Entscheidungen ermächtigt sind und meine Nachfolge als Inhaber antreten werden.

Die wörtliche Bedeutung der beiden Namen hat zudem direkten Einfluss darauf, wie die Unternehmen sowohl von innen wie von außen gesehen werden.

Bei »Globalfusion« hat man das Bild einer internationalen, dynamischen Verschmelzung von Kultur, Lebensstil und Kommunikation vor Augen. »SEED« weckt ein Gefühl von organischer, liebevoller, weiblicher Energie.

Das alles erzähle ich Ihnen nur, damit Sie sich der Vor- und Nachteile bewusst werden, die mit der Namensgebung für ein Unternehmen verbunden sind, und den Nutzen sehen, den Sie erzielen, wenn Sie innovative, synergetische Worte für den Firmennamen benutzen.

ÜBUNG

Die Kurzfassung des Geschäftsplans

Die ersten ein oder zwei Seiten des Unternehmens- oder Geschäftsplans sollten eine leicht verständliche Zusammenfassung Ihres Unternehmenskonzepts sein.

Diese Einleitung sollte einen Überblick über Ihre Geschäftsidee geben und Gründe für deren voraussichtlichen Erfolg anführen. Außerdem sollte darin kurz gesagt werden, wie Ihre Firma sich die vorherrschenden Markttrends zunutze machen will.

In einigen Betriebswirtschaftsbüchern wird geraten, für den Fall, dass man einen Kredit braucht, hier auch gleich den Kapitalbedarf sowie die Rückzahlungspläne anzugeben. Ich halte es jedoch für besser, zuerst den kreativen Vorstellungen Raum zu geben und das Thema »Finanzierung« dann zum Schluss zu berühren.

Mittlerweile müssten Sie eigentlich in der Lage sein, anderen Ihr Traumunternehmen mit Worten zu beschreiben. Warum versuchen Sie nicht einfach, ehe Sie den Stift ansetzen, zunächst einmal Ihren Angehörigen und Freunden zu sagen, wie Ihr Unternehmenskonzept aussieht, welche Zielgruppe Sie im Auge haben und warum Sie sich Erfolg versprechen?

Beschreiben Sie dabei Ihr Unternehmen so knapp und klar wie möglich und achten Sie darauf, ob Ihre Zuhörer alles gut verstehen. Bitten Sie sie um Feedback zu Ihrer Idee und deren Präsentation und nehmen Sie die jeweiligen Kommentare hin, ohne gekränkt zu sein. Fassen Sie dann Ihr schriftliches Unternehmenskonzept entsprechend ab.

Unter Umständen fällt es Ihnen leichter, erst die anderen Teile des Geschäftsplans zu formulieren und dann jeweils ein paar Sätze daraus für Ihre einleitende Kurzfassung zu verwenden. Ich persönlich gebe lieber erst eine kurze Gesamtdarstellung, weil sie auch mich selbst inspiriert. Wenn ich anschließend alles andere geschrieben habe, überprüfe ich noch einmal, ob ich auch nichts Wichtiges in meiner Einleitung vergessen habe.

Wertvorstellungen und Unternehmensphilosophie

Die Beschreibung der Unternehmensphilosophie legt sowohl die Werte als auch die Ziele des Unternehmens fest. Ein solches »Mission Statement« war zwar kein wesentlicher Bestandteil der Unternehmenskonzepte, die ich während meiner Nachforschungen anlässlich der Gründung von »Globalfusion« zu Gesicht bekommen habe, aber für mich hatte es Vorrang vor allem anderen.

Als ich ein neues Unternehmen in den USA starten wollte, gingen mir die verschiedensten Ideen durch den Kopf. Da ich damals weder einen Geschäftspartner noch ein erfahrenes Führungsteam hatte, arbeitete ich mit dem selbständigen »Kreativmanager und Mentor« Ray Davi zusammen, der mit ein paar äußerst nützlichen Tipps dazu beigetragen hat, dass meine Vision greifbare Gestalt annahm.

Als Erstes habe ich mit Ray zusammen das »Mission Statement« klar umrissen und dabei nicht nur das Gesamtbild berücksichtigt, das mir von meinem neuen Unternehmen vor Augen schwebte, sondern auch meine Wertvorstellungen in das Grundkonzept einbezogen. Vor meinem ersten Gespräch mit Ray hatte ich mir eine Menge Notizen gemacht. Wir gingen sie gemeinsam durch und hielten nach seiner Methode alle wichtigen Gedanken mit leuchtend bunten Filzstiften auf mehreren im Raum verteilten, plakatgroßen Bögen Papier fest. So konnte ich ein »Mission Statement« verfassen, das klar formuliert war und mir im Innersten entsprach. Lesen Sie mein Statement von damals, und Sie werden verstehen, was ich meine:

GLOBALFUSION: MISSION STATEMENT

Maxime der Unternehmensphilosophie

- *Globalfusion* soll Unternehmen zu einer kreativen Kommunikation anregen, in der die Wertvorstellungen und der Lebensstil der Verbraucher im 21. Jahrhundert verkörpert sind. *Globalfusion* nennt diesen innovativen Prozess »New Marketing.«

Wertvorstellungen

- *Globalfusion* setzt sich leidenschaftlich für eine freie Kommunikation durch Festhalten an den Werten der Integrität, persönlichen Verantwortung, Nachhaltigkeit und Authentizität ein.

Aufgabenstellung

- *Globalfusion* stellt eine Verbindung zwischen Menschen, Ideen, Unternehmen und gemeinnützigen Organisationen her, um im Inland wie im Ausland an führender Stelle eine werteorientierte Kommunikationsstrategie durchzusetzen.

- Mit Hilfe multimedialer Kommunikationsmittel will *Globalfusion* Partnerschaften zwischen den Medien, dem Technologiesektor und der Gesellschaft anbahnen, die sowohl wirtschaftlich lebensfähig sind als auch den Markt kreativ und positiv beeinflussen.
- *Globalfusion* bekennt sich zu den Grundsätzen einer ethischen Kommunikation und werteorientierten Unternehmensführung.

181.

ÜBUNG

Darstellung der eigenen Unternehmensphilosophie

Legen Sie nun einfach los und beschreiben Sie Ihre eigenen Wertvorstellungen und Zielsetzungen! Blättern Sie zu Kapitel 5 zurück, wo Sie die Werte aufgelistet haben, die in Ihrem Unternehmen vorrangig verwirklicht werden sollen. Fassen Sie mit Hilfe dieser Stichworte kurz zusammen, wie sich diese Wertvorstellungen mit Ihren Unternehmenszielen vereinbaren lassen. Ihr »Mission Statement« braucht nicht sehr ausführlich zu sein, sondern soll nur in aller Kürze Ihre Vision und Ihr kreatives Konzept wiedergeben.

....

....

....

....

....

....

Wenn es Ihnen schwer fällt, diese Kurzfassung zu schreiben, beginnen Sie einfach mit ein paar Sätzen und schreiben Sie sie, sobald Sie das Gefühl haben, die richtigen Worte gefunden zu haben, nach Ray Davis Methode mit bunten Filzstiften auf große Bögen. Ordnen Sie sie, wie es Ihnen sinnvoll erscheint, und hängen Sie sie eine Zeit lang an die Wand.

Meines Erachtens sollte jedes Unternehmen einen solchen Wertekatalog aufstellen, insbesondere als ständige Erinnerung für die internen MitarbeiterInnen im Hause. Als ich vor kurzem *Women.com* besuchte, war ich sofort angetan von ihrem Wertekatalog, der in ihrer Hauptniederlassung in Nordkalifornien im Empfangsraum hing. Noch ehe ich mit jemandem von diesem Unternehmen gesprochen hatte, konnte ich mir schon ein gutes Bild von der Art von Menschen machen, denen ich dort begegnen würde.

Das Team

Schreiben Sie, damit Sie und mögliche Investoren die Stärke Ihres Teams ermessen können, einen oder zwei kurze Absätze über Ihren eigenen beruflichen Werdegang und den Ihrer zukünftigen PartnerInnen, MitarbeiterInnen und BeraterInnen, soweit bekannt.

Hier sollte die Rolle jedes Einzelnen im Team klar definiert werden. Falls es eklatante Defizite bei den Fähigkeiten und Qualifikationen der Betreffenden gibt, werden sie Ihnen beim Schreiben schnell ins Auge fallen. Achten Sie darauf, dass zu Ihrem Mitarbeiterstab jemand mit Führungsqualitäten gehört, ebenso wie jemand mit visionärer Weitsicht sowie jeweils jemand mit Erfahrungen in der Buchhaltung, in der Produktentwicklung, im Marketing und im Management. Das ist zwar bei einem Kleinunternehmen oft ein und dieselbe Person; führen Sie trotzdem noch ein paar Leute an, es stärkt Ihre Vertrauenswürdigkeit.

Fragen Sie Ihren Finanz- und Ihren Rechtsberater, ob Sie sie als Mitarbeiter Ihres Teams anführen dürfen. Wen kennen Sie noch, der Experte auf einem Gebiet ist, das nicht in Ihren eigenen Fachbereich fällt? Hätten die Betreffenden nichts dagegen, Ihnen gelegentlich beratend zur Seite zu stehen? Handelt es sich um Personen, die Sie irgendwann gern als feste PartnerInnen, MitarbeiterInnen oder BeraterInnen gewinnen würden?

In den meisten Unternehmensplänen weist das Führungsteam Lücken besonders in den Bereichen Marketing, Werbung und Öffentlichkeitsarbeit auf, die jedoch später geschlossen werden können. Sie werden zu Anfang noch kein vollständiges Team haben, planen Sie aber jetzt schon vor, welche Mitarbeiter Sie im ersten Geschäftsjahr einzustellen gedenken, und fügen Sie die jeweiligen Posten an den entsprechenden Stellen in Ihren Zeitplan ein.

Ich habe früher anderen gestattet, meinen Namen in ihren Unternehmensplan aufzunehmen, wenn ich von ihrem Vorhaben überzeugt war, und festgestellt, dass damit nicht unbedingt ein späteres Engagement meinerseits in der betreffenden Firma verbunden war. Man ist den Leuten, deren Namen man in seinem Unternehmensplan angeführt hat, nicht lebenslang verpflichtet, aber eine solche Liste aufzustellen ist ein guter Anfang, wenn man sich auf die Dauer ein eigenes Team aufbauen will.

Sie sollten am Ende mindestens vier Namen als Führungsteam in Ihrem Konzept stehen haben. Im Idealfall decken diese Leute die Bereiche Management, Finanzen, Produkt- oder Servicegestaltung und Marketing ab. Denken Sie auch daran, dass Sie sich stets mit Leuten umgeben sollten, die in den Bereichen stark sind, wo Sie Schwächen haben. Tun Sie, was Sie können, tun Sie es gut und delegieren Sie alles Übrige an andere.

Hintergründe, Ziele und Produkte

Zu jedem der genannten Begriffe sollten Sie eine Seite schreiben. Zu den Hintergründen gehören Angaben zur Vorgeschichte und zur Gründung der Firma sowie sonstige Fakten, die Sie für wichtig erachten.

Das Firmenziel entspricht im Grunde Ihrer Vision – wollen Sie in allem die Größte und Beste sein? Haben Sie vor, das führende elektronische Internetunternehmen für umweltfreundliches Büromaterial zu werden, oder wollen Sie eine Versandfirma aufmachen und mit Textilien und Schmuck von Künstlern aus aller Welt handeln? Was schwebt Ihnen vor, und welche Ziele wollen Sie damit verwirklichen?

Zum Schluss müssen Sie noch auf einer Seite Ihre Produkte oder Dienstleistungen klar und verständlich erklären. Geben Sie an, wodurch diese sich von allem unterscheiden, was bereits auf dem Markt ist, und wie Sie sich den Vertrieb denken.

Das Marketing

In dem Abschnitt Ihres Unternehmensplans, der dem Marketing gewidmet ist, sollten Sie Ihre Produkte oder Dienstleistungen und Ihre Kunden präzise definieren. Sie glauben vielleicht, diese Aspekte Ihres geplanten Unternehmens genau zu kennen, aber es ist nie verkehrt, seine Produkte oder Dienstleistungen sowie deren Abnehmer noch einmal von neuem unter die Lupe zu nehmen. Vielleicht schwebt Ihnen ein Bioladen vor, aber wissen Sie mit Bestimmtheit, welche Nahrungsmittel Sie dann im Einzelnen verkaufen werden? Wollen Sie auch frisches Obst und Gemüse anbieten? Wie steht's mit Backwaren und Milchprodukten? Sollen Vitaminpräparate und Kosmetikartikel mit im Sortiment sein? Gibt es in Ihrer Gegend bereits einen Bioladen? Und wenn ja, inwiefern wollen Sie sich davon unterscheiden? Auf welche Käuferschicht zielen Sie mit Ihrem Geschäft ab?

Sie müssen zum einen Ihr Angebot genau beschreiben und zum anderen erklären, welchen Markt Sie im Visier haben. Geben Sie eine Einschätzung Ihres Marktes ab, ob er wächst oder stagniert und wie es um den Wettbewerb bestellt ist. Führen Sie an dieser Stelle Ihres Geschäftsplans alles an, was Sie im Zuge Ihrer Recherchen bisher über Ihr Produkt oder Ihre Dienstleistung in Erfahrung gebracht haben. Definieren Sie dann Ihre spezielle Zielgruppe nach allen wichtigen Kriterien wie Alter, Einkommen, Lebensstil usw.

Falls Sie zum Beispiel daran denken, eine Schönheitsfarm für Frauen einzurichten, könnten Sie mit Ihrem Unternehmen auf folgenden Kundenkreis abzielen:

Frauen zwischen 25 und 45, meist berufstätig, mit hohem verfügbarem Einkommen (über 70 000 DM pro Jahr), hoher Miete oder Wohneigentum. Sie gehen dreimal pro Woche zum Essen aus, treten häufig irgendwelchen Clubs bei, empfinden sich gern als etwas Besonderes und lesen *Vogue, Elle* oder *Brigitte*. Sie sehen nicht viel fern, surfen jedoch im Internet. Sie geben viel Geld für Mode und Schönheit aus, lesen Bücher, finden sich sehr natürlich und leben meist als Singles.

In einem allgemeineren Sinne sind sie der wachsende Markt unabhängiger berufstätiger Frauen, die sich nicht von altmodischer Werbung für sozialen Aufstieg beeindrucken lassen, die sehr gesundheitsbewusst sind, kein dickes Makeup auflegen und sich mindestens zweimal pro Woche sportlich betätigen.

Das alles ist natürlich hypothetisch. Aber es gibt Ihnen eine Vorstellung davon, wie Sie Ihre zukünftigen Klienten oder Kunden und deren Lebensstil analysieren können. Je spezifischer und genauer Ihre Analyse gerät, umso mehr beeindruckt Ihre Gründlichkeit und Expertise mögliche Investoren. Außerdem ist sie eine unschätzbare Hilfe, wenn Sie Ihre Werbestrategie entwerfen.

Jeden Tag 6 bis 8 Gläser Wasser trinken. >>

DRINK

6 to 8

GLASSES

OF

PURE

WATER

EVERYDAY

Die Werbestrategie

Es gibt viele Möglichkeiten, dem Markt die Botschaft eines Unternehmens mitzuteilen. Sie haben wahrscheinlich schon ein paar originelle Ideen dafür. Aber Sie müssen auch gewisse Marketingprinzipien beherzigen, wenn Sie eine Strategie entwickeln.

- **Direct Mail**, der Direktversand von Werbematerial oder Briefen, ist eine der häufigsten Kommunikationsformen von Unternehmen zu Unternehmen.
- **Lage und Schaufenster** sind oft die wirksamsten Marketingmittel für den Einzelhandelsabsatz, aber auch eine gute Publicity und Anzeigenwerbung sind hilfreich, wenn man die entsprechenden finanziellen Mittel oder Kontakte hat.
- **Fachausstellungen** sind wichtig im Rahmen von Kampagnen, mit deren Hilfe ein Markenbewusstsein entwickelt werden soll, vor allem, wenn Sie in der Fertigung oder im Großhandel tätig sind.
- **Vernetzung** sowohl vor Ort als auch in der Branche dient dazu, das Unternehmen bekannt zu machen.
- **PR-Arbeit und Anzeigenwerbung** sind immer wichtig, wenn Sie ein Produkt oder eine Dienstleistung an Endverbraucher oder Großkunden verkaufen wollen. Um entsprechende Maßnahmen können Sie sich entweder selber kümmern, oder Sie lassen sie durch einen Berater ausarbeiten. Das Thema wird in Kapitel 10 eingehender behandelt, dann können Sie immer noch entscheiden, welchen Weg Sie einschlagen wollen.
- Eine **Website**, auf der sich Ihre Firma darstellt, mit so vielen Links zu anderen relevanten Websites wie nur möglich, ist heute entscheidender als je zuvor. Berücksichtigen Sie in Ihrem Unternehmensplan auch den Internethandel und erklären Sie, wie und wo Sie im Internet Ihr Produkt oder Ihre Dienstleistung verkaufen wollen, wenn nicht sofort, dann sicherlich später einmal. Die Gestaltung von Websites ist teuer, wenn man nicht zufällig mit Cyberfreaks befreundet ist. Den Preisen sind keine Grenzen gesetzt, und es kostet von ein paar Tausend Mark bis hin zu einer Million, je nach Aufwand und Design. Suchen Sie sich einen Computerfreak, der Ihnen dabei hilft, eine Bombensite zu einem vernünftigen Preis einzurichten.

Im letzten Kapitel werden wir noch andere Möglichkeiten untersuchen, wie Sie Ihr Unternehmen auf dem Markt einführen können, aber jetzt sollten Sie sich erst mal mit den idealen Werbestrategien für Ihren Kundenkreis befassen.

Wie bei allem Geschäftlichen gibt es auch beim Marketing und in der Werbung kein Geheimnis. Nachdem Sie sich eingehend mit Ihrem zukünftigen Kunden beschäftigt, über ihn nachgedacht und ihn analysiert haben, müssten Sie jetzt eigentlich wissen, wem Sie etwas verkaufen wollen. Überlegen Sie einfach, was jemanden dazu anregen würde, wegen eines Produkts oder einer Dienstleistung zu Ihnen zu kommen. Was könnte diese Person lesen oder sehen, um motiviert oder beeindruckt zu werden?

Wie viel könnten Sie maximal für Ihre Werbung ausgeben? Bitten Sie Ihren Finanzberater um Hilfe bei der Beantwortung dieser Frage. Sie müssen eine ungefähre Zahl haben für den letzten Teil Ihres Unternehmensplans – den Finanzplan.

Der Zeitplan – privat und beruflich

Ray Davi hat mir nicht nur bei meinem »Mission Statement« geholfen, er hat auch nützliche Vorschläge in Bezug auf meine geschäftliche Zeitplanung gemacht. Der Zeitplan ist im Wesentlichen ein Handlungsplan, wonach jede Aktivität innerhalb eines bestimmten Zeitrahmens erfolgen muss. Ray hat alles angesprochen, was ich für »Globalfusion« und »SEED« innerhalb des ersten Jahres tun musste, und die Liste dieser Aktionen in realistische Abschnitte von jeweils drei Monaten eingeteilt.

Es ist nicht einfach, jede Aktivität lange im Voraus zu planen. Wenn ich jetzt zurückschaue, sehe ich, wie viel andere Arbeit ebenfalls zu bewältigen war, die wir ursprünglich gar nicht in unseren Zeitplan aufgenommen hatten. Immerhin hat diese erste Planung die ersten Schritte geklärt und mich sofort richtig auf Touren gebracht.

Um Ihnen einen Eindruck zu vermitteln, wie Sie einen eigenen Zeitplan erstellen können, gebe ich im Folgenden meinen Handlungsplan für das erste Jahr von »SEED« wieder, den Sie gern als Muster benutzen können.

SEED-Zeitplan 1999

Januar bis März 1999
- rechtliche und finanzielle Grundlagen klären
- den Markennamen SEED ins Handelsregister eintragen lassen
- Website-Namen registrieren lassen

- Verlagsverträge abschließen
- einen eigenen Zeitplan für die Buchproduktion erstellen

April bis Juni 1999
- die Umschlaggestaltung für das Buch vorbereiten
- ein Website-Konzept planen und Partner finden
- Marktstudien in den Vereinigten Staaten, Großbritannien und anderswo durchführen
- Vernetzung mit Frauengruppen
- einen ersten Unternehmensplan aufstellen
- ein SEED-Bankkonto eröffnen

Juli bis September 1999
- das Buch fertig schreiben
- Werbetourneen für 2000 planen
- mit Werbeveranstaltern und Medienpartnern verhandeln

Oktober bis Dezember 1999
- PR-Kampagne für die SEED-Einführung im Jahr 2000 starten
- eigenes Büro eröffnen
- Sponsoren für Werbetourneen finden
- Website fertig einrichten
- erste Mitarbeiter einstellen
- Exposé für SEED-TV-Serie über Unternehmerinnen schreiben

ÜBUNG
Einen Zeit- und Handlungsplan erstellen

Wenn Sie Ihr Startkapital zusammen haben, schwebt Ihnen wahrscheinlich ein Zeitpunkt vor, zu dem Sie Ihr Unternehmen auf dem Markt einführen wollen. Dieser Zeitpunkt muss natürlich der Branche entsprechen, in der Sie Ihr Unternehmen eröffnen. Einen Laden, der sich auf Recyclingartikel »Alles für die Schule« spezialisiert, werden Sie natürlich nicht mitten im laufenden Schuljahr eröffnen wollen. Eine Heilpraktikerpraxis hingegen können Sie jederzeit aufmachen.

Den Mitmenschen mehr geben, als sie erwarten. >>

Auch wenn Ihre Finanzierung noch nicht endgültig geklärt ist, schreiben Sie auf, wann Sie Ihrer realistischen Schätzung nach Ihr Unternehmen eröffnen können. Stellen Sie eine Liste all dessen zuammen, was Sie im kommenden Jahr tun müssen, um Ihr Unternehmen auf die Beine zu stellen und auf dem Markt einzuführen.

Gehen Sie dann nach Ray Davis einfacher, aber effektiver Methode vor und teilen Sie das Jahr, beginnend mit dem jetzt folgenden Monat, auf vier großen Bögen Papier mit bunten Stiften in vier Quartale ein. Planen Sie für jede Tätigkeit einen angemessenen Zeitraum ein, achten Sie auf die richtige Abfolge und geben Sie alles als Teil Ihres Unternehmensplans in den Computer ein.

Der Finanzplan

Für den letzten Abschnitt Ihres Unternehmensplans müssen Sie die vorhandenen Finanzmittel sowie alle zu erwartenden Einnahmen und Ausgaben in Kalkulationstabellen für die Liquiditätsplanung und Bilanzrechnung übertragen, aus denen klar zu ersehen ist, wie und wann Sie etwas verdienen.

Wenn Sie meinen, die nötige Sachkenntnis und Erfahrung zu haben, um es selbst zu machen, nur zu. Aber wenn Sie sicher sein wollen, dass dieser wichtige Bereich auf soliden Füßen steht, sollten Sie Ihren Finanzberater oder Buchhalter bitten, die Rechenarbeiten für Sie zu erledigen. Es ist etwas für Experten, und Sie dürften inzwischen längst einen Finanzexperten als MitarbeiterIn gewonnen haben.

Hier ein paar Richtlinien:

1. Denken Sie daran, dass Ihr Unternehmen wahrscheinlich wachsen wird.

2. Verpflichten Sie sich nicht zu größeren Investitionen, als Sie sich leisten können.

3. Behalten Sie ein paar Ihrer finanziellen Bedenken für sich.

4. Zögern Sie nicht, sich angebotene Vorteile zunutze zu machen, um Ihr Unternehmen in Gang zu bringen.

5. Legen Sie immer etwas für magere Zeiten auf die hohe Kante.

Meditation
Dank für die Einsicht ins Ganze

Haben Sie wirklich alles, was Sie über Ihre Geschäftstätigkeit sagen wollten, in Ihren Unternehmensplan aufgenommen? Haben Sie nun eine klare Vorstellung davon, wie Sie Ihren Gartenplan in die Realität umsetzen können?

Jetzt ist es Zeit, aus Ihren Plänen ein solides Fundament für das zukünftige Unternehmen zu formen.

Begeben Sie sich an Ihren speziellen Ort in der freien Natur oder vor Ihrem Altar und sprechen Sie während Ihrer Zeit der Stille morgens und abends laut folgende Worte:

»Ich danke dem Universum dafür, dass ich mit seiner Hilfe meinen Garten einsichtsvoll planen konnte, sodass er prächtig gedeihen wird.«

Kapitel **10**

DIE GARTENPARTY

Jetzt planen Sie ein Fest zur Unternehmensgründung und laden alle Klienten und Kunden ein, Ihre Vision mit Ihnen zu teilen.

The Garden Party

Wie in einem wirklichen Garten ist jetzt die Saat Ihres Unternehmens gekeimt, hat Wurzeln geschlagen, ist aufgegangen und steht nun kurz vor der Blüte. Sie müssen nur noch rechtzeitig Ihre Einladungen verschicken und dafür sorgen, dass Ihr Garten schön hergerichtet ist für alle Gäste, die zu Ihrem Gartenfest erscheinen werden.

Ihre Pläne sind nun ausgereift, und es ist Zeit für den Stapellauf Ihres Unternehmens. Zeit zum Handeln – Sie müssten inzwischen ein Logo haben, die Finanzierung müsste stehen, die Arbeitsplätze müssten gut eingerichtet und die Visitenkarten fertig sein.

In Kapitel 9 haben wir Ihre Marketing- und Werbestrategie in groben Zügen besprochen. In diesem Kapitel werden wir untersuchen, welchen Weg Sie einschlagen müssen, um die Kunden und Klienten auf sich aufmerksam zu machen, die Ihre Firma braucht.

Jetzt, da Ihr Unternehmen fast schon Wirklichkeit ist, kommen vielleicht auch tief sitzende Ängste nach oben. Schließlich sind Sie dabei, an die Öffentlichkeit zu treten, aller Welt Ihre Träume zu offenbaren und herauszufinden, ob sie sich realisieren lassen.

Es ist vollkommen normal, beim Gedanken an einen Fehlschlag nervös zu werden, aber wenn Sie gründliche Vorarbeit geleistet und gut vorausgeplant haben, sollten Sie getrost und voller Selbstvertrauen sein. Zwischen einer Idee und einer Erfolgsstory liegt das Durchhalten. Bleiben Sie fest auf dem Boden, aber zugleich flexibel in Ihren Aktionen, und denken Sie daran, dass Sie Ihre Vorstellungen immer anpassen und verbessern können.

Kurz vor dem endgültigen Start kommt meist eine Zeit, in der die Kreativität gebremst ist und Müdigkeit einsetzt. Lassen Sie beides zu, nehmen Sie sich die Zeit, die Sie brauchen, und erden Sie sich, indem Sie an Ihrem besonderen Ort still werden. Bitten Sie in dieser letzten heißen Phase der Unternehmensgründung Ihr höheres Selbst, gemeinsam mit dem Universum dafür zu sorgen, dass Ihnen Ihre Träume und Energien erhalten bleiben.

Blättern Sie, falls nötig, zu dem Gebet am Ende von Kapitel 2 zurück und sprechen Sie es während Ihrer Zeit der Stille morgens und abends laut aus, bis Sie sich wieder auf den Mut besinnen, mit dem Sie so weit in Ihrer Unternehmensplanung gekommen sind.

Der Start

Es gibt keine perfekte Vorlage für den Start eines neuen Unternehmens. Ich selbst habe in den vergangenen dreißig Jahren durch Promotionkampagnen mehr Unternehmen zum Durchbruch verholfen, als ich noch in Erinnerung habe, und jede Situation ist anders.

Ich würde Sie gern mit einem maßgeschneiderten Marketing- und Startprogramm ausstatten, aber das ist unmöglich. Es gibt zu viele Methoden und Techniken, die angewendet werden können, je nach Unternehmenstyp und anvisiertem Kundenkreis.

Wenn Ihr Zielmarkt die Wirtschaft ist, sind Sie nicht unbedingt daran interessiert, ein breites Verbraucherbewusstsein für Ihr Produkt zu schaffen. Ein solches Bewusstsein ist überwiegend bei technischen Produkten oder Dienstleistungen gefragt. Im Wirtschaftssektor ist der Ruf von entscheidender Bedeutung, und der muss erst verdient werden.

Bis dahin ist es notwendig, darüber zu informieren, dass Ihr Unternehmen existiert, was genau es an Produkten oder Dienstleistungen anbietet, wo es zu finden ist und gegebenenfalls was Ihre Produkte oder Dienstleistungen kosten.

Sollten Sie in der entsprechenden Branche schon einmal tätig gewesen sein, kennen Sie sicher viele Leute, mit denen Sie Kontakt aufnehmen wollen. Oder Sie verfügen, wenn Sie gründliche Nachforschungen angestellt haben, über eine gute Datenbank der Personen, die zu Ihrer Zielgruppe gehören.

Sie könnten eine Unternehmensbroschüre herausbringen, falls die Größe Ihrer Firma so etwas rechtfertigt, aber in diesem Unternehmensstadium würde ich nichts allzu Teures empfehlen. Einen kostspieligen Prospekt oder anderes Dauerwerbematerial zu drucken nimmt Ihnen die Möglichkeit, später etwas zu ändern.

Eine bessere Idee wäre ein persönlich abgefasster Rundbrief an alle in Frage kommenden Klienten oder Kunden auf Ihrer »Hitliste«, dem Sie ein passendes kleines Geschenk beilegen könnten. Dieser Brief sollte auf professionelle, freundliche Art darüber informieren, was Sie verkaufen wollen und warum es ein interessantes Angebot für die Betreffenden ist.

In diesem Kapitel wollen wir uns verschiedene Ideen zur Markteinführung eines Unternehmens vornehmen. Wählen Sie die aus, die Ihrem Unternehmen am besten entspricht, und machen Sie Gebrauch davon.

Die Pressearbeit

Das Augenmerk der Fachpresse oder örtlicher Printmedien auf sich zu ziehen ist natürlich ein ungeheurer Publicityvorteil bei einer Geschäftseröffnung. Außer der Aufmerksamkeit, die eine Erwähnung in den Druckmedien erregt, kann eine angemessene Verbreitung von Kopien des betreffenden Artikels sehr förderlich für das neue Unternehmen sein und sich noch lange positiv auswirken. Eine Empfehlung Ihres Produkts in irgendeinem Druckmedium (nach Möglichkeit ohne Werbung) ist ein extrem wichtiger Bestandteil des Marketing-Mix, weil sie sich am einfachsten kopieren und weiterverbreiten lässt.

Es ist relativ einfach, einen produktbezogenen Artikel in der passenden Zeitschrift zu lancieren, wenn Sie die richtigen Leute kennen oder ihnen vorgestellt werden – was PR- oder Werbeagenturen oft übernehmen.

Wenn Sie jedoch keine Journalisten bei den für Sie relevanten Medien kennen und sich die Dienste einer Werbeagentur nicht leisten können – sie sind im Allgemeinen ausgesprochen teuer! –, müssen Sie selbst herausfinden, welche Journalisten und Medien dafür in Frage kämen, informativ über Ihr Unternehmen zu berichten.

ÜBUNG

Einen Presseordner einrichten

Legen Sie möglichst einen Presseordner an, in dem Sie Publikationen, Kontaktdetails und die Namen von Journalisten, die das Denken Ihres Zielmarktes beeinflussen, abheften – egal, ob es sich um Wirtschafts- oder Konsumgüter handelt.

Kontaktieren Sie auch stets die Fachjournalisten überregionaler Zeitungen und Zeitschriften, selbst wenn Sie glauben, diese wären noch nicht an Ihnen interessiert. Bleiben Sie von Anfang an mit ihnen in Verbindung und lassen Sie deren Interesse an Ihnen ebenso wachsen wie Ihr Unternehmen.

Beschränken Sie sich in Ihrem Ordner nicht auf Veröffentlichungen in Zeitungen und Zeitschriften. Listen Sie darüber hinaus auch alle anderen Medien auf – Fernsehen, Radio, Internet, Rundbriefe, Schulzeitungen sowie örtliche und überregionale Newsletters –, die unter Umständen Einfluss auf Ihren Zielmarkt haben; schauen und hören Sie sich alles an oder beschaffen Sie sich eine Kopie aller einschlägigen Publikationen, Programme oder Websites. Vergessen Sie nicht, Ihre Liste immer auf dem neuesten Stand zu halten.

Schreiben Sie, sobald Sie Ihre Liste fertig haben, einen freundlichen – aber nicht zu vertraulichen – Brief an den jeweiligen Journalisten, in dem Sie sich und Ihr Unternehmen vorstellen. Schreiben Sie in lockerem Ton, seien Sie dennoch präzise und erwähnen Sie, warum es Ihrer Meinung nach eine gute Story für ihn oder sie sein könnte. Legen Sie Ihrem Brief eine formellere Pressemitteilung auf Papier mit Ihrem Firmenbriefkopf bei, in der Sie Ihr Unternehmen detailliert in der dritten Person beschreiben, einschließlich eines eigenen Zitats, mit dem Sie vielleicht auf die Wertvorstellungen Ihrer Firma Bezug nehmen.

ÜBUNG

Eine Pressemitteilung abfassen

Jeder hat natürlich seinen eigenen Schreibstil, aber bei einer Pressemitteilung sollten doch auch gewisse Standards eingehalten werden. Sie sind im Grunde sehr einleuchtend.

197.

- Schreiben Sie zuerst oben auf die Seite eine gute Headline, mit der Sie das Wesentliche Ihrer Story ansprechen, ohne gleich alles auszuposaunen. Wenn Sie zum Beispiel einen exotischen Blumenladen eröffnen wollen, könnte die Überschrift lauten: »Sensationeller Blütenzauber«, und bei einer Marketingberatung für Unternehmerinnen könnte es heißen: »Was Frauen wünschen«.

- Kommen Sie nun im Hauptteil der Pressemitteilung kurz zum Kern der Sache und berichten Sie unter anderem, was an Ihrem Unternehmen so interessant und einzigartig ist. Denken Sie daran, dass es sich nicht um einen Leitartikel handelt, sondern um eine Mitteilung für die Presse, werden Sie also nicht zu blumig und übertreiben Sie nicht – das schreckt Journalisten eher ab.

- Widmen Sie die nächsten paar Absätze den Einzelheiten Ihres Unternehmens: was, wann, wo und wie. Geben Sie irgendwo in der ersten Hälfte der Mitteilung wieder, welche allgemeine Vision Sie mit Ihrem Unternehmen verbinden, um den Geist der Sache deutlich zu machen.

- Schließen Sie die Pressemitteilung, die allerhöchstens zwei DIN-A4-Seiten lang sein sollte (kürzer wäre besser!), mit ein paar Hintergrundinformationen zu Ihrer Person und

Ihrem Unternehmenskonzept, und listen Sie alle Kontaktmöglichkeiten auf (Post, Telefon, E-Mail, Internet).

- Lassen Sie sich immer ein bisschen Zeit, ehe Sie die Mitteilung abschicken, um sie noch einmal zu lesen und gegebenenfalls zu verbessern.

Fassen Sie jetzt in Ihrem eigenen prägnanten, klaren Stil eine Pressemitteilung ab und beschreiben Sie Ihr Unternehmen objektiv, aber positiv in der dritten Person.

Unternehmensprofil und Kurzinformation

Weiteres Material, das Sie Ihrer Mappe für die Presse beifügen können, ist ein Informationsblatt über Ihr Unternehmen oder ein Unternehmensprofil. Um Ihnen auf die Sprünge zu helfen, im Folgenden Beispiele dafür.

Bei dem ersten handelt es sich um ein Blatt mit kurzen Geschäftsinformationen, das der sehr professionell gemachten Pressemappe beigelag, die ich von der führenden britischen TV-Produzentin und Schöpferin von Kindersendungen (z. B. der Teletubbies) Anne Wood erhalten habe.

Ragdoll Productions (UK) Ltd.
Kurzinformation

- Die international bekannte Produktionsfirma von Fernsehserien für Kinder, Ragdoll Productions (UK) Ltd, wurde 1984 von Anne Wood mit dem Anspruch gegründet: »Ragdoll ist für Kinder.«
- Seitdem hat Ragdoll über eintausend Programme für Zuschauer im Vorschulalter produziert und erfolgreich einen Markt für Begleitartikel aufgebaut. Die Sendungen vermitteln erste Ideen und Kenntnisse vom Alphabet, von Zahlen, den Naturwissenschaften und von zwischenmenschlichen Beziehungen.
- Zu den sehr beliebten Titeln *Rosie and Jim, Tots TV, Brum* und *Open A Door* haben sich noch die *Teletubbies* hinzugesellt. Diese für mehrere Millionen Pfund produzierte Serie wurde für die BBC hergestellt und an 59 Sender mit 120 Sendegebieten in 46 Ländern einschließlich der Vereinigten Staaten weiterverkauft. Sie ist in 21 Sprachen übersetzt worden. Sie wurde unter anderem auf der Kinder-BAFTA 1998 mit dem Preis für das beste Vorschulprogramm ausgezeichnet und auf dem 24. Internationalen Bildungsprogramm-

Wettbewerb um den Japanpreis in Tokio mit dem Großen Preis. Damit beläuft sich die Zahl der für Ragdoll-Programme verliehenen Preise auf insgesamt 20.

- Stammsitz von Ragdoll ist Stratford upon Avon. Dort betreibt die Firma einen einzigartigen Laden, der zur Hälfte Kindern für kreative, phantasievolle Spiele zur Verfügung steht und ihnen die Möglichkeit gibt, Nachbildungen von Rosie und Jims Ragdoll-Boot kennen zu lernen, sich durch die Fenster einer lebensgroß nachgebauten Version von Tots Fernsehhütte selbst auf der Leinwand zu sehen, in einer kindergroßen Ausführung des Tubbytronic Superdomes der Teletubbies zu spielen und mit Brum zu fahren. Dabei können Anne Wood und ihr Team in einer Umgebung, die den Figuren ihrer Serien gewidmet ist, von den Kindern lernen.
- Alle Ragdoll-Programme werden live vor Ort aufgenommen; Produktionsstätten sind Stratford upon Avon sowie Pinewood.
- Ragdoll ist außerdem der Name des großen, 15 Meter langen Kanalbootes, das bei der Verfilmung von »Rosie und Jim« Verwendung fand.
- Die Hütte aus »Tots TV«, das zwei BAFTA-Preise hintereinander gewonnen hat, ist ein echtes Blockhaus, in Kindergröße gebaut. Die Serie läuft in den USA täglich.
- Brum, das kleine gelbe Auto, ist ein echtes Auto – es wurde speziell für die BBC-Serie angefertigt.
- Es sind durchschnittlich 15 Stunden kreativer Arbeit erforderlich, um eine Ragdoll-Programmminute fürs Fernsehen zu produzieren.
- In Zusammenarbeit mit seinem einzigartigen Netzwerk von Beratern, Erziehern, Eltern, Pflegern und anderen überprüft Ragdoll jedes Programm sehr sorgfältig.

Manchmal ist es notwendig, das Unternehmensprofil speziell im Hinblick auf die Ansprüche der Fach- und Finanzpresse abzufassen. Hier ein besonders gut lesbares Unternehmensprofil, das ich von der höchst erfolgreichen Frauen-Internetfirma »iVillage.com« erhalten habe.

iVillage.com
Unternehmensprofil

iVillage.com bietet Anprechpartner für jedes Interesse und unterhält Links zu über 50 Experten, Tausenden von Message Boards und ständigen Zugang zu einem Netz von mehr als tausend Sprechern kommunaler Organisationen.

Gegründet wurde iVillage.com 1995 von Nancy Evans (ehemalige Präsidentin und Verlegerin von Doubleday; Begründerin der Zeitschrift *Family Life*) und Candice Carpenter (ehemalige Präsidentin von Q2 und Time Life Video). Ihre Mission: Mehr Menschlichkeit im Cyberspace. Nancy und Candice haben die besten Online-Gemeinschaften aufgebaut, indem sie einen sicheren Ort einrichteten, an dem Frauen mit anderen Frauen über alltägliche Lebensfragen reden können. iVillage.com schreibt nicht vor, worüber seine Mitglieder reden sollten, sondern richtet sich in seiner Programmierung nach deren Gesprächsthemen.

Ob sie sich einklinken, um ein Rezept fürs Abendessen zu finden oder weil sie Rat in Fragen der Unfruchtbarkeit brauchen, Frauen wenden sich sowohl mit kleinen als auch mit sehr ernsten Sorgen an iVillage.com auf der Suche nach gegenseitiger Hilfe.

Sollten Sie brauchbare Fotos von sich oder Ihrem Produkt haben, legen Sie der Pressemitteilung, der Kurzinformation oder dem Unternehmensprofil einen Abzug oder ein Dia bei und packen Sie alles zusammen in eine attraktive Mappe, Ihren Brief zuoberst. In Zukunft werden Pressemappen elektronisch oder auf CD-Rom übermittelt werden, aber vorerst ist die Investition in eine professionell wirkende, entsprechend gestaltete Pressemappe Gold wert.

200. Nachfassen

Melden Sie sich einige Zeit nach der Aussendung Ihres Briefes und der Pressemitteilung mit einem persönlichen Anruf. Bitten Sie den jeweiligen Journalisten bzw. die Journalistin zu einem Mittagsimbiss oder einem anderen Treffpunkt, damit Sie ihr oder ihm Ihr Anliegen persönlich schildern und, falls möglich, Ihre Produkte zeigen können. Äußern Sie sich begeistert, ohne aufdringlich oder gar aggressiv zu erscheinen.

Wenn Ihr telefonischer Anprechpartner wenig Zeit für Sie hat, was häufig der Fall ist, bieten Sie an, ihn oder sie kurz im Büro aufzusuchen. Sollte jetzt herauskommen, dass er oder sie gerade im Augenblick zu beschäftigt ist, um Sie zu empfangen – was auch heißen kann, dass Sie abgewimmelt werden –, dann beenden Sie das Gespräch in aller Freundlichkeit, nachdem Sie noch einmal erwähnt haben, dass Ihre Story gerade zu dieser Zeitung so gut passen könnte.

Die Pressearbeit ist ebenso eine Kunst wie andere Formen erfolgreicher Kommunikation. Wenden Sie sich erst an einen Journalisten, wenn Sie gut vorbereitet sind und Ihre

Langsam sprechen, aber schnell denken. >>

talk SLOWLY

but think quickly

Geschichte mit kurzen, klaren Worten vorbringen können. Sie müssten sie in sechzig Sekunden oder noch kürzerer Zeit vortragen können. Achten Sie einmal, wenn Sie das nächste Mal im Fernsehen die Nachrichten anschauen, darauf, wie die Sprecher immer nur kurze »Info-Bites« präsentieren – und lernen Sie, es ebenso zu machen.

Und noch einmal: Vernetzung

Oft lassen sich die ersten Kunden am leichtesten durch Netzwerk-Verbindungen gewinnen. Ihre NetzwerkpartnerInnen können Ihnen den Weg zu Kunden ebnen oder selbst bei Ihnen Kunde werden.

Für den Start meiner eigenen PR- und Kommunikationsagentur war eigentlich meine erste Kundin verantwortlich. Wenn man ein vom Kunden bestimmtes Dienstleistungsunternehmen aufmacht, stellt sich die alte Frage: Was war zuerst da, das Huhn oder das Ei?

In meinem Fall war es die Modedesignerin Katharine Hamnett, die den Vorschlag machte, ich sollte doch eine eigene PR-Agentur aufmachen, und sich erbot, gleich meine erste Kundin zu sein. Ich hatte Katharine ursprünglich auf einer Handelsmesse kennen gelernt, wo ich als PR-Assistentin arbeitete und sie ihre erste Kollektion verkaufte.

Wir spürten sofort etwas Verbindendes, obwohl wir einen ganz unterschiedlichen Werdegang hatten – sie hatte als Diplomatentochter das Cheltenham Ladies College besucht, ein sehr angesehenes Internat, und dann das äußerst schicke St. Martin's College of Art im Londoner Stadtteil Covent Garden.

Ich hingegen bin die Tochter eines jüdischen Metzgers aus Nordlondon, habe ein staatliches Gymnasium besucht und bin mit sechzehn abgegangen. Ich hatte ein Faible für den Journalismus, nachdem ich für die Teenagerzeitschrift der sechziger Jahre *Petticoat* sowie eine Versandfirma gearbeitet hatte, und war in eine Karriere in der gerade aufkommenden Branche der Mode-PR hineingeschlittert, die ganz neu im Trend liegende Modefirmen der sechziger Jahre bediente.

Trotz unserer Unterschiede wurden Katharine und ich Freundinnen. Wir sind gleich alt und gehen mit dem gleichen Idealismus und der gleichen Leidenschaft daran, neue, spannende Ideen in die Tat umzusetzen. Durch unsere Verbindung konnten wir uns nicht nur mit gegenseitigen Empfehlungen geschäftlich weiterhelfen, sondern auch Freundinnen werden und sogar eine gemeinsame Geschäftsbeziehung aufnehmen, die sich seit dreißig Jahren durch wechselnde Zeiten gehalten hat und immer noch besteht.

Engagiertes Marketing

Die erfolgreichste internationale Medienpräsenz ihres bisherigen Lebens hat Katharine Anfang der achtziger Jahre mit ihren Slogan-T-Shirts erzielt. Nachdem ich sie damals zu einer buddhistischen Ausstellung mit dem Titel »Das Leben wählen« mitgenommen hatte, kam sie auf die Idee, die öffentliche Meinung durch »Botschaften« auf der Kleidung zu beeinflussen.

Mit Sprüchen auf ihren übergroßen T-Shirts wie »World Peace Now«, »Rettet die Wale« und »58% gegen die Pershings«, was sich auf die seinerzeit in Großbritannien gelagerten amerikanischen Atomraketen bezog, war Katharine ein Riesenerfolg und schuf ein neues Medium für soziales Engagement. Sie trug ein »Pershing«-T-Shirt, als sie bei einem Regierungsempfang in der Downing Street mit Frau Thatcher zusammen fotografiert wurde, was ihr und ihrer Botschaft eine enorme internationale Publicity eintrug.

Ich stellte die Slogan-T-Shirts so schnell der Öffentlichkeit vor, wie Katharine sie designen konnte, und sie wurden in Modezeitschriften in aller Welt abgebildet. Die erfolgreiche britische Pop-Band »Frankie Goes to Hollywood« wie auch viele andere Musiker griffen die Idee auf und beflügelten so das Denken, das weltverändernden Aktionen wie der Musik-Spendenaktion »Live Aid« zugrunde lag, die Bob Geldorf Mitte der achtziger Jahre organisierte.

Katharina entwarf diese T-Shirts nicht, weil sie für ihr neues, bereits erfolgreiches Unternehmen werben wollte, sondern weil sie zu Recht das Gefühl hatte, dass dies eine effektive Möglichkeit war, bestimmte ökologische und politische Botschaften an die Öffentlichkeit weiterzugeben.

Aber ihre T-Shirts verschafften ihr auch eine enorme Publicity und den Ruf, eine intelligente, denkende Frau zu sein, die wunderschöne Kleider für andere intelligente Menschen entwarf. Sie profitierte von etwas, das inzwischen jedes Unternehmen als hervorragende Imageaufwertung betrachtet: dass die Produkte mit einem sozialen Engagement verbunden sind, das von Stars mitgetragen wird – ein gemeinsamer Kampf für die gerechte Sache.

Ein weiteres einschlägiges Beispiel, das Mut macht, ist das von Jo Fairley, der erfolgreichen Journalistin und Inhaberin von »Green and Black's«, einem britischen Unternehmen, das Bioschokolade herstellt. Sie brachte 1995 ihre Marke »Maya Gold« zusammen mit der in Großbritannien beheimateten »Fair Trade Foundation (FtF)« auf den Markt. Indem sie den Kakao der Maya-Bauern in Belize, Mittelamerika, direkt bei deren Erzeugergenossenschaft kauften, konnten sie und ihr Ehemann und Partner Craig Sams einen langfristigen Liefervertrag zu einem erheblich besseren Preis abschließen als größere Unternehmen.

Ihre Handelsbedingungen hielten sich an die strikten Richtlinien und Vorgaben der Fair Trade Foundation, eines unabhängigen Kontrollverbandes, der von einigen großen britischen Wohlfahrtsorganisationen wie Christian Aid, Oxfam, der National Federation of Women's Institutes und anderen unterstützt wird.

Nach einem Besuch in Belize, bei dem sie sich mit eigenen Augen von der Einhaltung der Handelsvereinbarungen überzeugte, organisierte FtF zeitgleich mit der Einführung der Schokolade eine Verkaufsförderungsaktion für Produkte des fairen Handels. Sie regte 20 000 junge britische Kirchgänger dazu an, sich an einem zwölfwöchigen Lauf durch Großbritannien zu beteiligen mit dem Ziel, ein Bewusstsein für Themen des fairen Handels zu wecken und die Einkäufer von Supermärkten in den Städten, durch die sie kamen, dazu zu überreden, Fair-Trade-Produkte in ihr Sortiment aufzunehmen. Die jungen Methodisten verteilten Tausende von Prospekten und Proben. Die BBC brachte die Story in drei verschiedenen Nachrichtensendungen und schickte sogar ein Kamerateam nach Belize, das einheimische Kinder beim Schokoladengenuss aufnahm.

Durch seine Politik des fairen Handels und seine engen Verbindungen zur Dritten Welt erhielt Green and Black's enorme Unterstützung von Seiten religiöser Gemeinschaften – etliche Geistliche hielten Veranstaltungen ab, auf denen Kostproben verteilt wurden, und riefen Supermarktkunden zur Mitwirkung auf. Auch die überregionale Presse nahm sich des Themas an, und jetzt gibt es die Schokolade in allen großen Supermarktketten und Bioläden Großbritanniens; außerdem wird sie in andere europäische Staaten, nach Japan und in die Vereinigten Staaten exportiert. Nebenbei bemerkt, ist die Schokolade köstlich und unverwechselbar verpackt.

An dieser Stelle möchte ich noch der verstorbenen Linda McCartney Anerkennung und Lob zollen, deren persönlicher Entschluss zu vegetarischer Ernährung in Verbindung mit ihrer Liebe zum Kochen und zur Familie dazu führte, dass sie selbst unternehmerisch tätig wurde.

Trotz ihres ohnehin sehr angefüllten Lebens – Musik und Tourneen mit der Band ihres Ehemanns Paul, Fotografieren, mütterliche Sorge für die vier Kinder und Verantwortung für die große Farm der Familie in Sussex – fand Linda, dass sie noch mehr mit ihrem Leben anfangen müsste. Ihre große Liebe zu Tieren und die Überzeugung, dass der Öffentlichkeit die Köstlichkeit der vegetarischen Küche vermittelt werden müsste, veranlasste sie, eine breite Palette vegetarischer Produkte zu entwickeln und zu vertreiben.

In Partnerschaft mit dem Tiefkühlkostgiganten Findus schuf Linda ein eigenes Sortiment an tiefgefrorenen, leicht zuzubereitenden vegetarischen Genüssen, die schon bald in den meisten Supermärkten Großbritanniens zu den bestverkauften Produkten gehörten. Sie

58%
DON'T WANT
PERSHING

Katharine Hamnett

Anita Roddick

Linda McCartney

machte selbst überall Werbung dafür und stand im Mittelpunkt eines Medieninteresses, das sie eigentlich gar nicht nötig hatte. Die spezielle Art und Weise, wie sie ein Unternehmen gründete, um ihre Botschaft zu verbreiten, ist auch wieder ein Beweis dafür, dass die eigenen Wertvorstellungen durchaus die Kommunikationsstrategie eines neuen Unternehmens bestimmen können.

Es gibt noch viele andere Erfolgsstorys von Unternehmen in aller Welt, die ihre Kommunikationsmöglichkeiten zur Verbreitung des sozialen Engagements ihrer GründerInnen nutzen.

Wenn Sie Ihre Meinung zu sozialen Fragen und Ihre unternehmerischen Wertvorstellungen in Ihre Promotion einfließen lassen, können Sie dadurch Ihre persönlichen Überzeugungen und manchmal auch Ihre politischen Ansichten verbreiten, dazu beitragen, ein öffentliches Bewusstsein für bestimmte Belange zu wecken und zugleich auf Ihre Produkte aufmerksam machen. Sinnorientiertes Marketing wird mittlerweile von vielen großen Markenartikelherstellern als wichtiger oder sogar Hauptbestandteil des Marketing-Mix akzeptiert und sollte das Ziel aller Unternehmer sein.

206. Heißes im Radio: kreative Einführungsideen

Wenn ein Unternehmen seine eigenen Wertvorstellungen vermittelt, muss das nicht immer mit sozialem Engagement zu tun haben. Schon allein den Kunden ein Lächeln zu entlocken kann das Ziel sein – und eine kluge Marketingstrategie. Debbie Fields, die unternehmungslustige Gründerin von »Mrs. Field's Cookies«, hat mir erzählt, dass sie schon als Kind immer der Meinung war, ihre Lebensaufgabe bestehe darin, andere Menschen zum Lächeln zu bringen. Diese »Mission« – und natürlich eine Vorliebe für Cookies – steckt hinter der Leidenschaft, mit der Debbie schließlich im Alter von nur 20 Jahren ihren ersten Cookie-Laden aufmachte. Und von dieser Leidenschaft ist bis heute nichts verflogen.

Debbie ist das Lächeln eines Kunden, der mit dem Produkt und dem Service ihrer Läden zufrieden ist, wichtiger als der Gewinn in ihrer Kasse.

Ich habe Debbies Unternehmen vor zwölf Jahren, als sie nach Großbritannien kam, eingeführt und der Öffentlichkeit vorgestellt.

Eines der erfolgreichsten Teile meiner Promotion für Debbie in London ist bezeichnend für die Art von Kreativität, mit der Jungunternehmerinnen zu Werke gehen können. Ich schickte damals Kartons mit ofenheißen Plätzchen an alle Radiosender mit Frühmorgenprogramm in den Orten, wo Debbie Geschäfte eröffnete, und achtete darauf, dass sie den jeweiligen DJs oder Moderatoren kurz vor Sendebeginn oder gleich beim Eintritt ins Studio persönlich überreicht wurden.

Es funktionierte wunderbar und war nicht teuer: Fast alle DJs und Moderatoren ließen sich in ihren hektischen Morgensendungen begeistert über die Cookies aus.

Der Rundfunk ist ein sehr unterschätztes Medium. Die meisten Sender haben ein großes Publikum, das zu einem Großteil aus Frauen besteht, und es ist viel leichter, seinen Zielmarkt über den Rundfunk zu erreichen als über das Fernsehen. Versuchen Sie, Ihren Lokalsender zu einem Interview mit Ihnen zu überreden – aber nur, wenn Sie sicher sind, dass man Ihre Story auch brauchen kann. Hören Sie sich die Sendung erst einmal an!

Viel schwerer ist es, ein Unternehmen durch PR-Arbeit im Fernsehen bekannt zu machen, obgleich das Fernsehen eindeutig ein ideales Medium zum Erzielen von Publicity ist. An TV-Persönlichkeiten kommt man nicht annähernd so leicht heran wie an ihre Kollegen vom Rundfunk, und sie bringen im Allgemeinen nur das, was sie von ihren Produzenten vorgelegt bekommen. Die beste Chance haben Sie, wenn Sie an den Produzenten oder das Team einer bestimmten Sendung mit einer Idee herantreten, die zum einen Werbung für Ihr Unternehmen und zum anderen guter Stoff für die Show wäre.

Sie könnten zum Beispiel mit einer Story aufwarten, die gute Sendequalitäten hat, in der aber auch Ihr junges Unternehmen vorkommt, oder Sie landen einen Treffer, indem Sie überzeugend darstellen, warum ein Interview mit Ihnen für die Fernsehzuschauer von besonderem Interesse wäre.

Synergieeffekte nutzen

Wenn Sie in Ihrem Ort ein Geschäft oder einen Dienstleistungsbetrieb eröffnen wollen, müssen Sie unbedingt preiswerte Werbezettel oder Flyer drucken lassen. Denken Sie daran, wie wichtig Ihr Logo und Name sind, und entwerfen Sie ein Informationsblatt, das ins Auge fällt und mögliche Kunden oder Klienten aufmerksam macht.

Verteilen Sie Ihre Flyer, wo Sie nur können. Hinterlegen Sie Ihr Werbematerial, ohne sich zu sehr aufzudrängen, überall dort, wo es Ihre künftigen Kunden erreichen kann. Das können Bibliotheken, Gemeindezentren, Einkaufszentren, Wartezimmer von Ärzten und Zahnärzten, Kindertagesstätten und -kliniken, Schulen und Universitäten, Kurhäuser und Fitnesscenter sein. Überlegen Sie, wo sich Ihre künftigen Kunden aufhalten und Zeit haben könnten, mit Interesse ein paar Informationen über Ihre neue Firma zu lesen.

Wo lassen sich Synergieeffekte nutzen?

Listen Sie alle Lokalitäten in Ihrem Ort auf, wo Sie Ihre Einführungswerbung, Prospekte oder Flyer auslegen könnten.

....

....

....

....

208.

....

....

....

Ladenbesitzer und andere Geschäftsleute vor Ort sind im Allgemeinen sehr gern zur Koope-ration bereit, besonders dann, wenn Sie sich ebenfalls gefällig zeigen und für gemeinsame Werbeaktionen zur Verfügung stehen. Zusammen könnten Sie Ihren Kunden beispielsweise einen Spezialrabatt gewähren oder Gratisproben zukommen lassen. Mit einer Anzeige in der Lokalzeitung könnten Sie zum Beispiel allen Kunden, die Ihren Friseursalon aufsuchen und dort mehr als 80 Mark ausgeben, einen Sonderrabatt im örtlichen Modegeschäft verspre-chen. Sie könnten sich die Anzeigenkosten teilen und Kunden in beide Geschäfte locken.

Lächeln beim Abnehmen des Telefonhörers. >>

Smile when picking up the phone

Schaufenster, Foto-Events, Sponsorenschaft und Gratisproben

Es gibt viele kreative Möglichkeiten, ein neues Unternehmen einzuführen und der Öffentlichkeit vorzustellen, und oft geht es nur darum, die zur Verfügung stehenden Mittel mit einer cleveren, peppigen Idee zu verbinden, um die Aufmerksamkeit sowohl der Presse als auch der Öffentlichkeit zu erregen.

Wenn Sie ein Schaufenster haben, dann ist das die beste Werbung für Sie. Sollten Sie nicht besonders gut darin sein, es selber interessant – und medienwirksam – zu dekorieren, dann hören Sie sich um, bis Sie jemanden finden, der es kann. Denken Sie daran, dass Ihr Eröffnungsfenster etwas Besonders sein sollte. Gehen Sie die Sache an wie ein Kunstwerk.

Manchmal haben die einfachsten Ideen die größte Wirkung. Ich selbst habe zum Beispiel früher bei Geschäftseröffnungen von Kunden lebendige Menschen als Schaufensterpuppen benutzt. Probieren Sie's, ob Sie auf eine originelle Idee kommen, die entweder im Schaufenster oder vor Ihrer Ladentür Aufmerksamkeit erregt.

Falls Sie kein Schaufenster, aber eine gute Idee für ein Foto-Event haben, können Sie auf diese Weise erreichen, dass ein interessantes Foto in Ihre örtliche Zeitung kommt. Denken Sie sich etwas Ungewöhnliches aus, das einmal Ihre Werbebotschaft übermittelt und zum anderen einen eigenen Reiz für die Pressefotografen hat.

Wenn Sie zum Beispiel einen Hundeausführdienst aufmachen wollen, könnten Sie sich Hunde aller Art und Größe ausleihen, an die Leine nehmen und die Lokalpresse einladen, Sie zu fotografieren, wie Sie gerade mit allen Hunden durch Ihre Stadt bummeln.

Bei Eröffnung einer Konditorei sollten Sie die größte Torte backen, die Sie je hergestellt haben, und sie der Kinderstation des örtlichen Krankenhauses stiften. Teilen Sie der Lokalpresse mit, dass Sie so Ihre Geschäftseröffnung feiern – und gleichzeitig etwas Gutes tun.

Warum mieten Sie nicht eine riesige Reklamefläche in guter Lage in der Nähe Ihres Geschäfts und lassen sie von Schülern oder Studenten aus Ihrem Ort mit Ihrer Werbebotschaft bemalen? Sorgen Sie in diesem Fall dafür, dass die lokalen Medien davon erfahren. Auch mit dem Sponsoring eines örtlichen Ereignisses zeigen Sie soziales Engagement und können gleichzeitig für Ihre Eröffnung werben.

Wenn Sie einen Vitaminpräparateladen aufmachen wollen, sollten Sie sich bei den Frauensportveranstaltungen Ihres Ortes oder einem Stadtmarathon als Sponsor anbieten. Wenn Sie Gartengeräte verkaufen wollen, können Sie die örtliche Gartenschau finanziell unterstützen. Da Sponsorentum sehr kostspielig sein kann, sollten Sie nach einer Möglichkeit suchen, Ihr Marketingbudget an diese Einführungsidee anzupassen – Sie handeln sich damit das Wohlwollen Ihres Ortes und die nötige Publicity für Ihr Unternehmen ein.

Sie könnten auch erwägen, auf örtlichen Veranstaltungen wie etwa Weihnachts- und Trödelmärkten, Stadtteilfesten, Schülerfesten oder sogar Privatpartys Gratisproben auszuteilen.

»Einführungsangebote« können ebenfalls Kunden anlocken. Wenn Sie einen Maniküresalon eröffnen, könnten Sie beispielsweise Sonderpreise für den ersten Besuch bei Ihnen anbieten. Werben Sie mit Anzeigen für Ihr Angebot, das auf eine kurze Zeit begrenzt werden sollte, und gewähren Sie einen großzügigen Preisnachlass zur Geschäftseröffnung.

Die Eröffnungsnachricht

Nachdem Sie nun alle Vorbereitungen getroffen haben, um Ihr neues Unternehmen auf die Beine zu stellen – geplant, geforscht, ein Team zusammengestellt, die Finanzierung geklärt sowie Marketingpläne ausgearbeitet haben –, vergessen Sie nicht, alle Welt wissen zu lassen, dass Ihr Geschäft jetzt eröffnet wird. Oder zumindest Ihren Teil der Welt. Sorgen Sie dafür, dass alle, die Sie von Anfang an fortlaufend in Ihre Adresskartei oder -datei aufgenommen haben, davon in Kenntnis gesetzt werden, dass es jetzt losgeht. Teilen Sie allen Bekannten und Interessenten mit einer schön gestalteten Postkarte oder einer Miniprobe Ihres Produkts mit, dass Ihr Unternehmen jetzt da ist.

Lassen Sie Ihrer Fantasie freien Lauf und nutzen Sie alle Möglichkeiten, Ihr Unternehmen dem anvisierten Markt vorzustellen. Durch Versuch und Irrtum werden Sie herausfinden, welche Methoden gut funktionieren. Aber gehen Sie flexibel genug mit Ihrem Marketingplan um, dass Sie nicht schon Ihr ganzes Budget verbraucht haben, ehe Sie endlich wissen, welche Ihrer Strategien am besten ankommt.

Die Einführungsparty

Bevor Sie Ihre Türen öffnen, müssen Sie noch eine letzte Entscheidung fällen: ob Sie eine Einführungsparty geben wollen oder nicht. Vieles spricht dagegen, und das sage ich aus Erfahrung. Ein Fest kann sehr teuer werden, vor allem aber bringt es eine Menge Unordnung und Dreck mit sich, was umso ärgerlicher ist, wenn Sie gerade alles frisch renoviert haben und Ihr Geschäft am nächsten Tag für den Publikumsverkehr öffnen wollen.

212.

Ich weiß noch gut, wie ich hinterher auf den Knien lag und Kaffeeflecken vom Boden entfernte, als Mitte der siebziger Jahre mein Modegeschäft »Mrs. Howie« seine Pforten öffnete. An meiner Party hatte die ganze damalige Schickeria teilgenommen. Wir hatten eine starke Resonanz in der Modewelt, eine gute Presse und reizten damals die Neugier unserer Gäste genug, sodass sie zurückkehrten und bei uns einkauften.

Die Einzige, die keine rechte Freude an dem Fest hatte, war ich, weil ich dafür sorgen musste, dass alle zufrieden waren und nichts zu sehr ruiniert wurde. Wenn Sie den Stress nicht scheuen und die kluge Entscheidung treffen, keinen Rotwein zu kredenzen, das Rauchen nicht zu gestatten und nichts Cremig-Klebriges zu servieren, dann machen Sie's.

Jetzt wären Sie mit gefeierten Persönlichkeiten, die Ihnen gewogen sind, fein heraus. Falls Sie irgendwelche lokal oder überregional bekannten Größen kennen, bitten Sie sie zu Ihrer Einführungsparty, indem Sie ihnen erklären, dass Sie auch die Presse erwarten.

Nichts ist so sexy wie Selbstvertrauen. >>

Nothing is more sexy than confidence

Wenn es sich um gute Freunde handelt, hätten diese sicher nichts dagegen, ein rot-weißes Band durchzuschneiden, eine Flasche Champagner am Türpfosten zu zerschlagen oder einfach Ihre Waren zu bewundern. Das gehört nun einmal dazu und wird Ihnen gute Publicity bringen.

Zeit also für Ihr Gartenfest. Sie haben allen, die Ihnen eingefallen sind, von Ihrem Geschäftsvorhaben erzählt, und sind jetzt endlich so weit, das Eröffnungsband vor Ihrem Garten durchzuschneiden und alle Welt hineinzubitten.

Aber zuerst sollten Sie noch einmal Ihren Ort der Stille aufsuchen und Ihre allerwichtigsten Gäste einladen. Es ist an der Zeit, anzuerkennen, dass der große Schöpfer alles Natürlichen und Lebendigen im Mittelpunkt Ihrer Party stehen wird.

Nehmen Sie sich vor, sich auch weiterhin eine Zeit der Stille vor Ihrem Altar oder in freier Natur zu gönnen, in der Sie sich über Ihre Ideen klar werden, auf Ihre innere Stimme lauschen und allen Stress von sich abfallen lassen können.

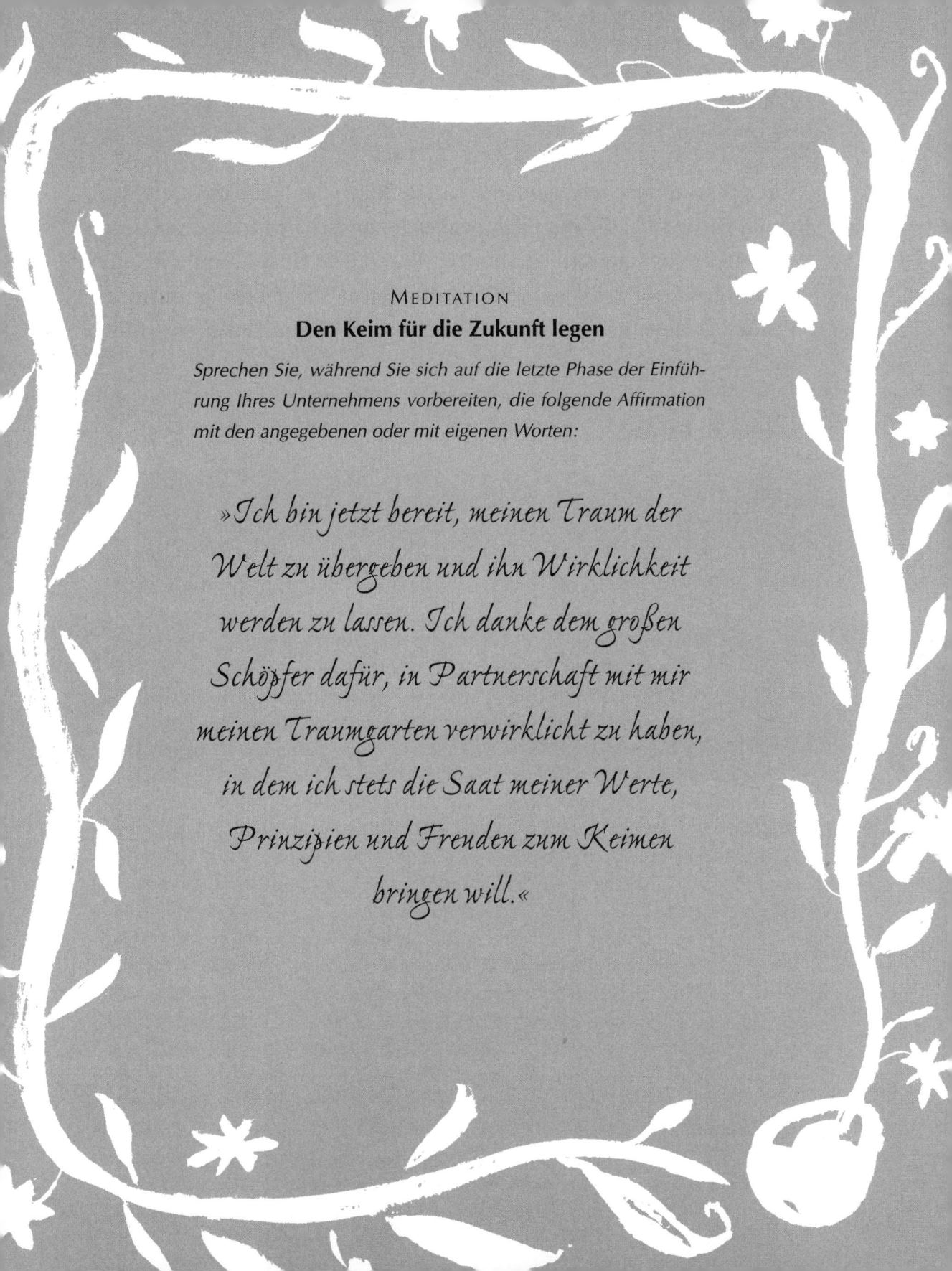

Den Keim für die Zukunft legen

Sprechen Sie, während Sie sich auf die letzte Phase der Einführung Ihres Unternehmens vorbereiten, die folgende Affirmation mit den angegebenen oder mit eigenen Worten:

»Ich bin jetzt bereit, meinen Traum der Welt zu übergeben und ihn Wirklichkeit werden zu lassen. Ich danke dem großen Schöpfer dafür, in Partnerschaft mit mir meinen Traumgarten verwirklicht zu haben, in dem ich stets die Saat meiner Werte, Prinzipien und Freuden zum Keimen bringen will.«

Nun denn, auf Wiedersehen, und Gottes Segen. Ich habe das Gefühl, als hätten wir uns bei diesem Buch in aller Freundschaft unterhalten, so, als würden wir uns persönlich kennen. Alles Liebe Ihnen, und alle guten Wünsche für ein erfolgreiches Unternehmen! Vergessen Sie nicht, mit Freude bei allem zu sein, was Sie tun, und ein freudenreiches, erfülltes Leben zu führen.

Bis bald im Garten

Ihre

Lynne

FOTO: JOHNNY ROZSA

Buchempfehlungen

Autry, James A., und Mitchell, Stephen: *Die Illusion der Kontrolle. Das Tao Te King für Führungskräfte.* Fischer-Media, Bern 1999

Blakeslee, Thomas R.: *Das rechte Gehirn. Das Unbewusste und seine schöpferischen Kräfte.* Aurum, Braunschweig 1992

Brooks, Donna L. und Lynn: *Die 7 Geheimnisse erfolgreicher Frauen.* Verlag Moderne Industrie, Landsberg 2000

Cameron, Julia: *Der Weg des Künstlers. Ein spiritueller Weg zur Aktivierung unserer Kreativität.* Droemer Knaur, München 2000

Ehrhardt, Ute: *Gute Mädchen kommen in den Himmel, schlechte überallhin.* Krüger, Frankfurt 1994

George, Mike: *Wege der Entspannung.* Bertelsmann Club, Rheda-Wiedenbrück 1998

Handy, Charles: *Gute Egoisten. Die Suche nach Sinn jenseits des Profitdenkens.* Goldmann, München 1999

Hawken, Paul: *The Ecology of Commerce. A Declaration of Sustainability.* HarperBusiness, San Francisco 1993

–: *Kollaps oder Kreislaufwirtschaft – Wachstum nach dem Vorbild der Natur.* Siedler, Berlin 1996

–, und Lovins, Amory und Hunter: *Öko-Kapitalismus. Die industrielle Revolution des 21. Jahrhunderts.* Riemann, München 2000

Helgesen, Sally: *Frauen führen anders.* Heyne, München 1996

Henderson, Hazel: *Das Ende der Ökonomie.* Goldmann, München 1987

–: *Die neue Ökonomie. Menschlich und ökologisch wirtschaften im Solarzeitalter.* Heyne, München 1989

–: *Beyond Globalization: Shaping a Sustainable Global Economy.* Kumarian Press, West Hartford 1999

Hendricks, Gay, und Ludeman, Kate: *Visionäres Management als Führungskonzept der Zukunft.* Droemer Knaur, München 1997

Houston, Jean: *Begeisterung für das Mögliche.* Econ, München 1999

Lietaer, Bernard A.: *Das Geld der Zukunft. Über die destruktive Wirkung des existierenden Geldsystems und die Entwicklung von Komplementärwährungen.* Riemann, München 1999

–: *Mysterium Geld. Emotionale Bedeutung und Wirkungsweise eines Tabus.* Riemann, München 2000

Northrup, Christiane: *Frauen-Körper, Frauen-Weisheit.* Zabert Sandmann, München 1994

Pauli, Gunter: *UpCycling. Wirtschaften nach dem Vorbild der Natur für mehr Arbeitsplätze und eine saubere Umwelt.* Riemann, München 1999

Popcorn, Faith: *Der Popcorn-Report. Trends für die Zukunft.* Heyne, München 1995

–: *»Clicking.« Der neue Popcorn-Report.* Heyne, München 1999

Roth, Gabrielle: *Das befreite Herz. Die Lehren einer Großstadt-Schamanin aus New York.* Heyne, München 1995

–, und Loudon, John: *Totem. Gelebter Schamanismus.* Heyne, München 2000

Sark: *Starke, wilde Frauen. Der Tanz mit dem wunder-vollen Selbst.* Droemer, München 1999

Schapiro, Nicole: *Verhandlungsstrategien für Frauen.* Droemer Knaur, München 1995

Schiran, Ute Manan: *Menschenfrauen fliegen wieder.* Droemer Knaur, München 1988

Schulz, Mona Lisa: *Intuition – die andere Art des Wissens. Wie wir die Körper-Seele für Erkenntnis und Heilung aktivieren können.* Goldmann, München 2000

Senge, Peter M.: *Die fünfte Disziplin. Kunst und Praxis der lernenden Organisation.* Klett-Cotta, Stuttgart, o. J.

Zohar, Danah: *SQ – spirituelle Intelligenz.* Scherz, München, Bern 2000

SEED-Kontakte

Es gibt eine Vielzahl von privaten und öffentlichen Stellen, Ämtern, Verbänden, Netzwerken und Internet-Websites, die sich mit den Themen »Weiblich wirtschaften« und Existenzgründung oder mit Frauenthemen im Allgemeinen befassen. Hier eine kleine Auswahl für den ersten Einstieg. Viele der Verbände, Ämter und Netzwerke geben Broschüren mit weiteren Adressensammlungen heraus, und im Internet wird man meist durch Links von Adresse zu Adresse geführt.

Aktive Frauen – Frauen aktiv e.V.
Obere Ortstraße 5, 86565 Gachenbach
www.aktive-frauen.de
Ein gutes Beispiel für ein lokal entstandenes, aber überregional aktives Netzwerk für Frauen. Gegründet 1998.

BPW Germany e.V.
Geschäftsstelle
Tempelhofer Damm 2, 12101 Berlin
Tel.: (030) 78895998
Fax: (030) 78895994
www.bpw-germany.de
E-Mail: bpw_hq@compuserve.com
Dies ist der deutsche Bundesverband von »Business and Professional Women International«, des größten internationalen Verbandes für berufstätige Frauen, gegründet 1930 (!), mit Zweigstellen in 108 Ländern

Bundesministerium für Familie, Frauen, Senioren und Jugend
Glinkastraße 18–24, 10117 Berlin
Tel.: (030) 20655-0
Fax: (030) 20655-1145

Bundesministerium für Wirtschaft und Technologie
Scharnhorststraße 34–37, 10109 Berlin
Tel.: (030) 2014-0 oder (01888) 615-0
Fax: (030) 2014-7010
www.bmwi.de
Viele Publikationen und Aktionen zur wirtschaftlichen Förderung der Existenzgründung von Frauen, z. B. die Broschüre »Frauen unternehmen was«.

Deutscher Frauenrat – Lobby der Frauen – e.V.
Simrockstraße 5, 53113 Bonn
Tel.: (0228) 223008
www.frauenrat.de

Deutsches Gründerinnen Forum e.V.
www.zfw.de/dgfhome/
Ein Multiplikatorinnen-Netzwerk und Aktionsprogramm zur Förderung der Existenzgründung von Frauen. Gegründet 1997.

Europäische Datenbank Frauen in Führungspositionen
Frauen Computer Zentrum Berlin
Cuvrystraße 1, 10997 Berlin
Tel.: (030) 617970-0
Fax: (030) 617970-10
E-Mail: wielpuetz@fzb.de

Frauen Finanzdienst
Gereonshof 36, 50670 Köln
Tel.: (0221) 9128070
Fax: (0221) 91280790
www.frauenfinanzdienst.com
E-Mail: ffd@kud.com
Ein bundesweiter Arbeitskreis von Versicherungs- und Finanzexpertinnen für Frauen.

»Go!« – Gründungsoffensive NRW
Haroldstraße 4, 40213 Düsseldorf
Tel.: (0211) 8372333
»Go!«-Hotline: (01802) 4114
www.go-online.nrw.de
Eine gemeinsame Aktion des Wirtschaftministeriums
NRW und der Gesellschaft zur Wirtschaftsförderung
NRW. Ähnliche Aktionen gibt es in einigen anderen
Bundesländern.

Kölner Forum – Beraterinnen für Existenz-
gründerinnen
Willy-Brandt-Platz 2, 50679 Köln
Tel.: (0221) 221-25548
Fax: (0221) 221-24212
E-Mail: Frau+Wirtschaft@stadt-koeln.de
Beratung aller Art für Existenzgründungen, eine
Aktion des Kölner Amtes für Wirtschafts- und
Beschäftigungsförderung. Ähnliche Aktionen gibt es
von vielen anderen kommunalen Ämtern und Ver-
bänden.

220.

Schöne Aussichten e.V.
Gereonshof 36, 50670 Köln
Tel.: (0221) 912807-80
Fax: (0221) 912807-71
Der Verein gibt die sehr nützlichen regionalen
»Frauenbranchenbücher« heraus.

INTERNATIONAL

Business and Professional Women International
Studio 16, Cloisters Business Centre
8 Battersea Park Road, London SW8 4BG
Tel.: (171) 738-8323
Fax: (171) 622-8528
www.bpwintl.com
E-Mail: bpwihq@cs.com

Business for Social Responsibility (BSR)
609 Mission Street, 2nd Floor, San Francisco, CA
94105-3506
Tel.: (415) 537-0888
Fax: (415) 537-0889
www.bsr.org
E-Mail: bsr@bsr.org
Das BSR versorgt seine Mitglieder weltweit mit innovativen Produkten und Dienstleistungen; es tritt dafür
ein, dass Unternehmen wirtschaftlichen Erfolg anstreben und zugleich ihre Verpflichtung zu ethischen
Normen, ihre Achtung vor dem Menschen, ihren Bür-
gersinn und ihr Umweltbewusstsein demonstrieren.

Center for International Private Enterprise (CIPE)
1155 15th Street, NW, Suite 700, Washington, DC
20005
Tel.: (202) 721-9200
Fax: (202) 721-9250
www.cipe.org/prog/women
E-Mail: cipe@cipe.org

Les Femmes Chefs d'Entreprises Mondial (FCEM)
The World Association of Women Entrepreneurs
Leyla Khaiat, FCEM-Präsidentin
17, Rue Abderrahman el Jaziri, 1002 Tunis
Belvedere, Tunesien
E-Mail: plastiss@planet.tn

Social Venture Network (US)
PO Box 29221, San Francisco, CA 94129-0221
Tel.: (415) 561-6501
Fax: (415) 561-6435
www.sun.org
E-Mail: sun@wenet.net
Das Social Venture Network ist ein gemeinnütziger
Verband von UnternehmerInnen, die für mehr
Gerechtigkeit, Menschlichkeit und Nachhaltigkeit in
der Gesellschaft durch Veränderung der Unterneh-
menspraxis weltweit eintreten.

GROSSBRITANNIEN

Council on Economic Priorities (CEP)
38 Ebury Street, London SW1WOLU
Tel.: 44 (171) 730-2646
Fax: 44 (171) 730-2664
www.cepaa.org
Der CEP sieht seine Aufgabe darin, präzise, unparteii-sche Analysen der Sozial- und Umweltverträglichkeit von Unternehmen zu erstellen und setzt sich für eine sozialverantwortliche, bürgernahe Unternehmenspra-xis ein. Gegründet 1969.

Network for Successful UK Women
94A Holland Road Willesden, London NW10 5AY
Tel.: (181) 963-1481
Fax: (181) 961-7468
www.networkwomenuk.org
E-Mail: netwomen@enterprise.net

Social Venture Network (Europe)
4, Great James Street, London WC1N 3DA
Tel.: (171) 881-9007
Fax: (171) 881-9008
www.svneurope.org
Social Venture Network ist ein Verband von Unter-nehmerInnen und Unternehmen, die sich verpflichtet fühlen, etwas zur Lösung der regionalen und globa-len sozialen und ökologischen Probleme beizutra-gen.

The British Association of Women Entrepreneurs (BAWE)
Arline Woutersz, Präsidentin
114 Gloucester Place, London WIH 3DB
Tel./Fax: (171) 935-0085
E-Mail: woutersz@msn.com

KANADA

Canadian Women's Business Network
3995 MacIsaac Drive
Nanaimo, B.C., V9T-3V5
Tel.: 250-741-0947
www.cdnbiz.women.com

USA

American Business Women's Association
9100 Ward Parkway, Kansas City, MO 64114-0728
Tel.: (816) 361-6621
Fax: (816) 361-4991
www.abwaahq.org
E-Mail: abwa@abwahq.org
Dieser Verband vernetzt Unternehmenrinnen der unterschiedlichsten Branchen miteinander und gibt ihnen die Möglichkeit, sich selbst und anderen durch Führungspositionen, qualifizierte Ausbildung, gegen-seitige Unterstützung und nationale Anerkennung zu persönlichem Wachstum und Professionalität zu ver-helfen.

Council on Economic Priorities (CEP)
30 Irving Place, New York, NY 10003
Tel.: (212) 420-1133
Fax: (212) 420-0988
www.cepnyc.org
Siehe CEP, Großbritannien.

Les Femmes Chefs d'Entreprises Mondial (FCEM)
The World Association of Women Entrepreneurs
Phyllis Hill Slater, FCEM-Vizepräsidentin
45 North Station Plaza, Suite L/100, Great Neck, NY 11021
Tel.: (516) 773-7779
Fax: (516) 773-7729
E-Mail: hillslater@aol.com

National Association of Women Business Owners (NAWBO)
1100 Wayne Ave, Suite 830, Silver Spring, MD 20910
Tel.: (301) 608-2590
Fax: (301) 608-2596
www.nawbo.org
E-Mail: national@nawbo.org
Die NAWBO bietet Informationen zum besseren Verständnis der aktuellen ökonomischen Verhältnisse, der Trends in den verschiedenen Branchen, der technischen Fortschritte und der Gesetze, die für Unternehmerinnen relevant sind.

National Foundation for Women Business Owners (NFWBO)
1100 Wayne Ave, Suite 830, Silver Spring, MD 20910-5603
Tel.: (301) 495-4975
Fax: (301) 495-4979
www.nfwbo.org
E-Mail: nfwbo@worldnet
Die NFWBO hat die gleiche Adresse und eine ähnliche Zielsetzung wie die NAWBO, aber eine andere Telefonnummer, E-Mail- und Internetadresse.

The Women's Resource Directory
PO Box 66796, Houston, Texas 77266
Tel.: (281) 242-0908
www.ghgcorp.com/worldweb
Eine umfassende Informationsquelle für Unternehmerinnen.

Women in Business
PO Box 265, Palos Verdes Estates 90274
Tel.: (310) 791-0113
Fax: (310) 375-4208
www.wibla.org
E-Mail: wibnews@aol.com

Eine vielseitige Organisation, die die Rolle und den Einfluss von Frauen in Staat und Wirtschaft stärken will, indem sie ihnen zur beruflichen und persönlichen Entwicklung, zu Wachstum und Öffentlichkeit verhilft.

Women Incorporated
333 South Grand Ave., Suite 2450, Los Angeles, CA 90071
Tel.: (800) 930-3993
Fax: (213) 680-3475
www.womeninc.com
E-Mail: womeninc@aol.com
Ein Verband für Unternehmerinnen und Selbständige, der über Kreditmöglichkeiten, Krankenversicherungen, Rabatte und andere Leistungen informiert.

Women's Enterprise Development Corp.
100 W. Broadway, Suite 500, Long Beach, CA 90802
Tel.: (562) 983-3747
Fax: (562) 983-3750
www.wedc1.org
E-Mail: wedc1@aol.com
Bietet Seminare im Wirtschafts- und Unternehmensmanagement an.

WEBSITES FÜR FRAUEN

Advancing Women
www.advancingwomen.com
Internationale Website mit Informations-, Vernetzungs- und Strategieangeboten für Unternehmerinnen und Frauen in Führungspositionen.

ChannelHealth.com
www.channelhealth.com
Alles Wissenswerte über die Gesundheit.

Handbag.com
www.handbag.com
Ein Website-Magazin für Frauen, das Themen wie Beziehungen, Gesundheit, Mode, Finanzen usw. behandelt.

Independent Means
126 Powers Ave., Santa Barbara, CA 93103, USA
Tel.: (800) 350-1816
www.independentmeans.com
Eine informative Website zur Unterstützung von Jungunternehmerinnen.

Informationen für Frauen
www.zlb.de/linksammlungen/frauen.htm
Eine Linksammlung der Zentral- und Landesbibliothek Berlin.

iVillage.com
www.ivillage.com
Hier sind Gleichgesinnte für jedes Interesse zu finden, mit Links zu über 50 ExpertInnen, Message Boards und ständige Verbindung zu einem großen Netzwerk, das mehr als 1000 führende Persönlichkeiten aus Städten und Gemeinden ehrenamtlich unterhalten.

powercat.de
www.powercat.de
Der Webkatalog für Frauen.

powerwomen.de
www.powerwomen.de
Für Frauen, die mehr wissen wollen ...

women.com
www.women.com
Hier haben die verschiedenen Frauenmagazin-Websites von Hearst, »homearts«, »astronet« und »women.com« das größte Informationsspektrum aller Online-Dienste für Frauen geschaffen.

women.de
www.women.de
Die deutsche Entsprechung zu women.com.

wwwomen.com
www.wwwomen.com
Index und Suchmaschine für Frauen und Frauenthemen.

223.

Im Dezember 1997 bestieg die 22-jährige Julia Butterfly Hill einen 1000-jährigen Redwood-Baum in Nordkalifornien und lebte ununterbrochen 738 Tage auf ihm. Was als kurzfristige Protestaktion gegen den Kahlschlag von altem, unwiederbringlichem Wald geplant war, entwickelte sich für Julia zu einem Engagement auf Leben und Tod. Für zahllose Menschen weltweit wurde »die Baumfrau« zu einer Symbolfigur für das, was entschlossenes Engagement des Einzelnen bewirken kann. Auch in Deutschland haben alle großen Zeitungen über die »Jeanne d'Arc der Wälder« berichtet, über eine Frau und ihre Vision einer Welt im harmonischen Einklang von Mensch und Natur.

Julia Butterfly Hill, Die Botschaft der Baumfrau
256 Seiten, DM 38,- / öS 277,- / sFr 35,- ISBN 3-570-50015-2

Riemann
One Earth Spirit